Weil am Rhein

Weil am Rhein

Fotos Rolf Frei
Text Raimund Kagerer

Historischer Abriß im Anhang
Fred Ludwig Sepaintner

STADLER

VERLAG STADLER KONSTANZ

Inhalt

Weil am Rhein

Wir suchen eine Stadt. Das ist der Ausgangspunkt. Eine einfache Vorgabe, die gleichwohl ihre Tücken hat. Nichts paßt auf den ersten Blick. Keine efeubekränzte Stadtmauer, kein Burgfried, kein historischer Marktplatz, keine spätgotische Häuserzeile mit Jahrhundert-Apotheke. In Weil am Rhein ist so gut wie alles anders.

Wir suchen eine Stadt und finden: bunte Vielfalt scheinbar zusammenhangloser Architektur; Wein, Wald und Wiesen, den in der Morgensonne blitzend und breit sich ausdehnenden Schienenstrom des Rangierbahnhofs; rastlosen Fernverkehr, Zollschranken, Alltagsturbulenz, Industrie – Abbruch und Aufbruch in einem Atemzug am Rand des zeitlos gelassenen Rheins, der großen, prägenden Nachbarstadt Basel.

Alles scheint neu in Weil am Rhein. Noch immer im Umbau begriffen. Aufregend neu wie seine weithin bekannten mutigen Architektur-Experimente. Sogar die älteste Substanz der sorgfältig restaurierten dörflichen Urzellen. Und doch hat diese Stadt, dieser Lebensort am südwestlichen Ende der Bundesrepublik, eine Siedlungsgeschichte, die weit hinter das Jahr 1000 vor Christus zurückreicht und von den wesentlichen historischen Umwälzungen Europas hautnah mitgeprägt wurde.

Das ist die Spannweite, die eine Beschäftigung mit Weil am Rhein zur überaus lohnenden Sache macht. Weil am Rhein, die junge alte Stadt, ist tatsächlich unvergleichlich.

Natürlich wäre es einfach, eine Topografie der Stadt gleichsam entlang ihrer historischen Wachstumslinien zu schreiben. Ausgehend vom dörflichen Alt-Weil mit seinen stattlichen Höfen, die fast alle direkt oder indirekt mit der Stadt Basel verknüpft waren; ausgehend auch von den reichen natürlichen Grundlagen, der besonderen Fruchtbarkeit dieses Südwestabhangs des Tüllinger Bergs – der im Hochsommer wie ein Backofen die Nachmittagssonne speichert und feine Süße in Obst und Wein treibt, so daß den Basler Zins-Herrschaften kirchlicher oder weltlicher Herkunft die Weiler, Ötlinger und Haltinger Weine zum schwer verzichtbaren Bestandteil ihres mittelalterlich städtischen Lebens wurden. Das hieße freilich, die Stadt Weil am Rhein als großes, nur über seine bäuerlich natürliche Begrenzung hinausgeschossenes Dorf verstehen. Nichts falscher als das! Wer auf der Friedensbrücke, am Berliner- oder am Rathausplatz steht und von ferne das grollende, quiekende Rumoren der Güterzüge im Ohr hat, der ist dem dörflichen Idyll so entrückt wie jeder andere termingeplagte Zeitgenosse in einer x-beliebigen deutschen Stadt. Nur – daß wir eben nicht dort sind, wo die Stadt, das Stadtleben, überbordende, sagen wir ruhig: nervenbelastende Dimensionen angenommen hat. Der Weiler, die Weilerin, haben sie nicht immer auch – bildlich gesprochen – eine gute Portion lebendige Morgenstille vom Tüllinger, aus den Rheinauen im Kopf, das emsi-

ge Gesumm in den blühenden Kinderzeit-Kirschbäumen, die luftige Luft über der »Ochsen«-Terrasse in Ötlingen? Sie leben im Grün und mit dem Grün, aber sie sind nicht mehr (oder nur unbeträchtlich) davon abhängig. Was allerdings keinerlei Wertschätzung sein will.

Sollen wir also lieber bei der Leopoldshöhe ansetzen, dem wichtigsten Entwicklungsschritt in der ersten Hälfte dieses Jahrhunderts? Die Leopoldshöhe, die für den Ortsfremden das heutige Weil am Rhein ausmacht – und durch gezielte Planungs- und Baumaßnahmen zum ausgeprägten Zentrum der Stadt geformt werden soll? Hier finden wir alles, was zu einer heutigen Großen Kreisstadt gehört: Rathaus, Kaufhaus, höhere Schulen, Fachgeschäfte, Wohnbereiche – mit einem Wort: städtischen Erlebnisraum.

Aber Hand aufs Herz – ist das unser Weil am Rhein ganz und gar? Südlich der Hauptstraße öffnen sich – ein ganz anderer Sonderfall »Stadt« – die Innenbereiche der sogenannten Eisenbahnersiedlung, reiht sich Giebel an Giebel und Straßenzug an Straßenzug in schönster Symmetrie und Regelmäßigkeit. Wir treten mit einem Schritt in eine andere Welt: Die zwanziger Jahre blicken uns an. Bedingt durch den Sied-

lungsdruck in der ersten Hälfte des 20. Jahrhunderts, entstand in unmittelbarer Nachbarschaft zum Rangierbahnhof das Musterbeispiel einer Reihensiedlung der »Gartenstadt-Bewegung«. Sie hat heute schon Denkmalsrang und besitzt als frühe Vertreterin eines alternativen Stadtlebens auch heute wieder hohe Aktualität.

So gilt für die Leopoldshöhe, was Weil am Rhein ganz allgemein ausmacht: Die Verschiedenheit fügt und bindet zusammen, was sich nicht in einem jahrhundertelangen Wachstumsprozeß ausbilden konnte.

Wir suchen eine Stadt.
Das war der Ausgangspunkt.

Und die Frage danach läßt sich jetzt genauer fassen: Wo ist bei aller Buntheit, bei all der Vielgestaltigkeit von Weil am Rhein das verborgen, was ein modernes Schlagwort die »Identität«, also das Selbstverständnis dieser Stadt nennt? Mit anderen, einfacheren Worten: Wie kommt es, daß ein Weiler nicht im Leben woanders sein möchte und schon gar nicht drüberhalb und jenseits vom Tüllinger Berg?

Eine zweite, verborgene Topografie müssen wir finden – als glitten wir, einer Markgräfler Mehlschwalbe gleich, über Felder, Rhein und Industrie, Hochhäuser und Reben, zögen hier an einem imaginären Faden, knüpften dort einen unsichtbaren Knoten, um schließlich zu entdekken: Weil am Rhein ist dort am meisten Weil am Rhein, wo es nicht Weil am Rhein ist. Eine paradoxe, erklärungsbedürftige Aussage.

»Dort drüben, wo man diese grauen Würfel neben Autobahn und Palmrheinbrücke erkennt, dort beginnt Frankreich.« – So würde man es dem Großonkel aus Wanne-Eickel erläutern. »Und hier, wenn du genau hinüberschaust, siehst du die Münstertürme, zwei schwarze Bleistifte inmitten des Basler Häusergewirrs.« Daß er Chrischona für einen Ausläufer des Pfälzer Walds hält, das müssen wir ihm nicht nachtragen. Wir zeigen ihm den Riehener Zoll und machen ihm klar, daß Weil am Rhein gleichsam auf einem Handteller angesiedelt ist, der weit vorgeschoben zwischen Rhein und Wiese, zwischen Frankreich und Schweiz seine Position behauptet. Ringsum freundlich begrenzt von Andersartigkeit. Daß Weil am Rhein als Teil der großen, dicht besiedelten Region rund um Basel, als Nachbar zum Elsaß und als Kleinfingerspitze des südlichen Markgräflerlands von all dem etwas mitbekommt und doch eigen, unverwechselbar, sein besonderes Profil bewahren muß und kann.

Das steht auf keinem Schild zu lesen, und doch weiß es hier jedes Kind: Wir sitzen im Herzen von Europa, schauen und springen ständig über unsere Grenzen. Für uns ist das Sprichwort »Andere Länder, andere Sitten« nicht mehr und nicht weniger als die Lust der täglichen Gewohnheit. Morgens Brot vom französischen Bäcker und abends den »Wilhelm Tell« im Basler Stadttheater oder die »Neuen Wilden« in der Kunsthalle.

Wie gut, daß es bei dieser Fülle an Internationalität noch so etwas wie den »Weiler Schlipf«

gibt. Seidensamtige Verläßlichkeit, nicht zu leicht und nicht zu schwer. Das stille Maß der Weiler Dinge. Die ganz andere Seite.

Weil am Rhein, die offene Stadt also. Die nimmt nun Konturen an: Begrenzt, aber nicht eingeengt. Und schon gar nicht beschwert durch musealen historischen Ballast. Eine moderne, überschaubar vielfältig strukturierte Stadt; selbstbewußt im großstädtischen Ballungsraum des Dreiländerecks. Experimentierfreudig und ohne provinzielle Verschlafenheit. Beneidet ob ihrer Pfiffigkeit von mancherlei Seite – gefährdet vielleicht nur durch ihren Mut zum Risiko.

Weil am Rhein, die offene Stadt – die läßt sich weiterverfolgen.

Weil am Rhein, die offene Stadt. Vielfalt bestimmt das Bild.

Weil am Rhein, an overall view of the town which is dominated by variety.

Weil am Rhein, une ville ouverte. C'est la variété qui domine la photo.

Die Natur ist nah. Am Tüllinger, nur wenige Minuten vom Weiler Stadtzentrum entfernt: weite Sommerstille, Einsamkeit.

Close to nature. Summer peace and solitude reign on Tüllinger hill, only a few minutes away from the town centre.

La nature est proche. Le Mt. Tullinger à quelques minutes du centre-ville de Weil: tranquillité estivale à perte de vue et solitude.

Kontraste: In den Rheinauen spiegelt das Altwasser den Himmel, scheint die Zeit stehenzubleiben, während drüben in Basel das turbulente Großstadtleben pulsiert. Das Mattfeld, einst Weidegrund fürs Weiler Vieh – es bildet eine ruhige Übergangszone.

Contrasts: In the meadows of the Rhine, where the sky is reflected in the water, time seems to stand still, while nearby in Basle the turbulent city pulsates. The »Mattfeld«, once a grazing land for cattle, now forms a peaceful interlude between the two.

Contrastes: Dans les prés au bord du Rhin les flaques d'eau reflètent le ciel, le temps semble s'arrêter, tandis que de l'autre côté de la rive à Bâle on perçoit les pulsations de la vie turbulente de la grande ville. Le »Mattfeld« (herbarge), ancien pâturage du bétail de Weil, c'est une zone de transition calme.

Das Land, die Landwirtschaft – sie stehen im Hintergrund, werden mehr und mehr verdrängt von der modernen Stadt. Aber was wäre Weil am Rhein ohne seine dörflichen Farbtupfer in Märkt, Ötlingen und am Käferholz?

The countryside and the agriculture are being pushed more and more into the background by the modern town. But what would Weil am Rhein be without the colour of village life as seen in Märkt, Ötlingen and on the Käferholz?

Campagne et agriculture sont à l'arrière-plan, la ville moderne les repousse de plus en plus. Mais que serait Weil am Rhein sans ses touches villageoises colorées de Märkt, Ötlingen et Käferholz?

Gegensätze

TOLL KASSA
ohne Vignette
30Fr
5 Basel
Weil am Rhein
D
Hüningen
F
500 m
80
STAU

KARTH

Rasches Wachstum

Eine eigenartige Vorstellung, daß die Hauptstraße, die heutige Lebensachse der Stadt Weil am Rhein, noch vor rund hundert Jahren eher einem besseren Feldweg geglichen haben mag. Links und rechts gesäumt von weiten Matten, von Löwenzahn, Lattich, Wiesenschaumkraut und knorrigen Obstbäumen. Das haben viele noch im Ohr – obgleich es längst aus dem öffentlichen Leben verschwunden ist: Wie ein Fuhrwerk eisenbereift und schwankend über den knirschenden Schotter Richtung Leopoldshöhe zieht.

Und das vergißt man nicht, auch wenn es in unseren Tagen bereits schwierig geworden ist, zur Hauptgeschäftszeit einen freien Parkplatz zu ergattern. Noch immer ist Weite spürbar. Freies Land. Als hätten Häuser und Straßen rücksichtsvoll Platz gelassen da und dort der alten einfachen Natur.

Bestandsaufnahme 1890: Das Dorf Weil schmiegt sich, umgeben von Obst-, Gemüse- und Blumengärten, an den Hangfuß des Tüllinger Berges. Ein Weindorf, das sieht man auf den ersten Blick. Der Schlipf ist wie schraffiert vom Wald der unzähligen Rebstecken. Ein Wegedorf. Immer entlang der alten Römerstraße, die vom Mühlenrain an durchs Dorf führt, sich nach den letzten Höfen nach Norden wendet, über Haltingen ins Rebland hinauszieht.

So war es, kaum verändert, viele Jahrhunderte gewesen. Das alte Weil rund um Kirche, Domhof, Bläsihof, Staffelhaus und Meierhof. So hat Johann Peter Hebel an Weil gedacht, wenn es ihm im großherzoglichen Karlsruhe zu eng in seinen vier Wänden wurde. Das haben die Kleinbasler Zinsherren vor dem inneren Auge gesehen, wenn wieder einmal über der Rheinebene ein pechschwarzes Hagelgewitter aufgestiegen war. Aber so blieb es nicht, denn 1890 waren längst die Weichen für eine rasante, sicher unvergleichliche Entwicklung zur Stadt gestellt. Zwei treibende Kräfte spielten zusammen: die Industrie und die Bahn.

Der Schienenweg hatte 1850 durch die Oberrheinebene Haltingen erreicht – und kurze Zeit einen Vorgeschmack auf das gegeben, was später noch kommen sollte. Die Leopoldshöhe, damals eine einsam gelegene Zollstation an der Landstraße Basel–Freiburg, wurde am 28. Februar 1855 Bahnstation und letzter Haltepunkt vor dem Zielpunkt Basel. Ein zunächst unbedeutender Schritt in die Zukunft. Ein gemächlicher Landbahnhof, wenn man so will, nichts weiter. Da eröffnen 1880 die Fabrikanten Dietsch aus Mühlhausen und Louis aus Lutterbach auf der Friedlinger Schusterinsel, einem wohl eher gottverlassenen Flecken in den Rheinauen, der schon durch mehrere Hände gegangen war, eine Färberei, die wenig später in die »Aktiengesellschaft Schusterinsel« übergeht und sich nach deren Konkurs 1901 zur »Färberei und Appretur Schusterinsel GmbH« wandelt.

Sie ist die Keimzelle der Friedlinger Industrie – die im Zuge des jüngsten Strukturwandels zum größten Teil bereits wieder verschwunden ist. Damals lagen die Standortvorteile auf der Hand:

Industrielle Produktion braucht einen großen Markt und dafür leistungsfähige Verkehrswege. Bahn und Rhein lagen nah. Und der Erfolg gab den Gründervätern recht.

Was aber mag sich damals ein ins Alter gekommener Weiler Rebbauer beim Beschneiden seiner Kirschbäume unweit der Läublin-Gärten gedacht haben, als sein Enkel Knall auf Fall die »Buurerei« an den Nagel hängte, um beim Basler Fabrikanten Schetty in Friedlingen künftighin Seiden zu färben? Wenn abends Ortsfremde in die Stube kamen, die ein wenig laut das Wort führten, Brot und Wein links liegen ließen, die Nüsse und den richtigen Zeitpunkt, sich schlafen zu legen? Was wandelt sich da verstohlen zwischen Tür und Angel, tritt zurück und in Vergessenheit vor der neuen, stürmisch anbrechenden Zeit?

Mit Beginn des 20. Jahrhunderts erreicht das vielzitierte »Eisenbahnfieber« am Rheinknie einen ersten Siedepunkt. Die Zugverbindungen ins Elsaß, nach Lörrach sind geschaffen, das gewaltige Flußbett des neuen »Verschubbahnhofs« unterhalb des Friedlinger Rains wird ausgehoben, planiert und für das vieladrige Gleissystem des damals hochmodernen Rangierbetriebs vorbereitet. Schon bei den Bauarbeiten kommt eine stattliche Zahl von Arbeitern ans Rheinknie, die versorgt werden müssen. Wenig später sind es die Bediensteten der Bahn selbst, die mit ihren Familien in Weil wohnen wollen. 1909 werden deshalb auf der Leopoldshöhe die ersten Häuser für die neu zugezogenen »Bähnler« errichtet. Und dieser erste Sämling der »Gartenstadt Leopoldshöhe« sollte weiterwachsen, unaufhaltsam, bis er in wenigen Jahrzehnten das alte Dorf erreicht hatte.

Es spricht für die Weitsicht der Stadtväter in den ausgehenden zwanziger Jahren, daß sie sich bei der Stadterhebung nach mancherlei Debatten und krausen Einfällen für den mutigen Namen »Weil am Rhein« entschieden. Daß die Stadt, die 1929 schließlich die Geburtsurkunde ausgestellt bekam, eines Tages tatsächlich vom Alt-Weiler Mühlenteich bis an den Rhein reichen würde, wer hätte sich das denken können? Von der Jahrhundertwende bis zur Stadterhebung hatte sich die Bevölkerung ziemlich genau vervierfacht.

Viel Fremdes mischte sich da ins Altvertraute. Die Landwirtschaft trat weiter zurück, das dörfliche Leben rückte fast in den Hintergrund.

Nach 1950 ist die Lücke zwischen Leopoldshöhe und Alt-Weil südlich der Hauptstraße so gut wie geschlossen. Die nördlichen Freiflächen werden bebaut, bis auch hier – freilich erst in jüngster Vergangenheit – der Anschluß am Hangfuß des Tüllingers vollzogen ist. Bliebe noch der letzte Schritt, die Eingemeindung der neuen Stadtteile Ötlingen (1971), Haltingen und Märkt (1975). Sie bringen das ländliche Element in Weil am Rhein wieder deutlicher in den Vordergrund. So besitzt das 1972 zur Großen Kreisstadt erhobene Weil am Rhein mit Haltingen, Märkt und vor

allem Ötlingen »Dörfer«, die ihre ländliche Oberflächenstruktur beispielhaft erhalten haben, deren Funktion als Wohngemeinde aber längst die ländliche Lebensweise überflügelt hat. Sollen wir uns zurückwünschen in die Zeit, als auf der Leopoldshöhe der Weiler Bauer seinen »Laubi« allein heimkutschieren lassen konnte? Ein bißchen müd und eingenickt vom gleichförmigen Geruckel des Fuhrwerks, der duftenden Hitze am Heu. Wir meinen – nein, wir sagen dazu gar nichts. Wir lassen ihn in Ruhe heimwärts schaukeln.

Das Staffelhaus in Alt-Weil (links). Heute die »gute Stube« für festliche Anlässe und Ausstellungen, war das stattliche Haus früher der Amtssitz des Vogts von Rötteln und somit eines der wichtigsten Gebäude des alten Weil. Rasch hat sich die Stadt in unserem Jahrhundert ausgebreitet. Die Hauptstraße, die »Lebensader« von Weil am Rhein, sie führte noch vor hundert Jahren durch luftige Kirschmatten.

The »Staffelhaus« in the old part of Weil. Today it is the »gute Stube« (parlour) reserved for festive occasions and exhibitions. This magnificent house was formerly the headquarters of the governor of Rötteln and therefore one of the most important buildings in old Weil. The town has spread quickly since the beginning of this century. The main street, the »lifeline« of Weil am Rhein, runs between fields of cherry trees, as it did a hundred years ago.

La »Staffelhaus« du vieux Weil. Aujourd'hui »gute Stube« ou salle des fêtes pour les jours de fête et les expositions, cette maison imposante était autrefois le siège du bailli de Rötteln et par là l'un des bâtiments les plus importants du vieux Weil. La rue principale, »artère« de Weil am Rhein, il y a une centaine d'années elle était bordée de prés plantés de cerisiers.

Der Mühlenteich am östlichen Stadtrand von Alt-Weil begrenzt die Stadt zum Wiesental hin. Der Badeplatz unserer Urgroßeltern hat heute an Bedeutung verloren. Immerhin, der Mühlenrain gehört zu den stimmigsten Alt-Weiler Winkeln. Den Kontrapunkt dazu bildet das Vitra-Gelände mit seiner spannenden Architektur.

The mill pond on the east side of the old part of Weil acts as a border between the town and the »Wiesental« (Wiese valley). But our ancestor's bathing place is now less important than it once was. Nevertheless, the mill bank is one of the most atmospheric corners of old Weil. The Vitra centre with its exciting architecture acts as a counterpoint to this.

L'étang du moulin à la périphérie est du vieux Weil marque la frontière entre la ville et la »Wiesental« (vallée des prairies). Le lieu où nos arrière-grands-parents se baignaient a aujourd'hui perdu sa signification. Cependant le talus du moulin fait partie des coins les plus pittoresques de du vieux Weil. Et les terrains de l'entreprise Vitra, à l'architecture fascinante, nous offrent le contre-pied.

Alle Wege führen nach Weil am Rhein

Auf den einfachsten Nenner gebracht, entspricht die Grundstruktur von Weil am Rhein einer Kreuzung, einem riesengroßen Straßenkreuz: Bei der Friedensbrücke treffen Quer- und Längsachse zusammen, schneiden sich die Hauptstraße und der dreigliedrige Nord-Süd-Zug aus Bundesstraße, Bahn und Autobahn. Dadurch wird die Stadt von ihren Hauptverkehrsachsen empfindlich zertrennt und muß planerisch damit fertig werden, daß der Versuch, das Stadtgefüge abzurunden, an diesen markanten Verkehrsachsen immer sein abruptes Ende findet. Was im Fall der Hauptstraße Großzügigkeit stiftet, befreiende Weite, verhindert andererseits innerstädtische Intimität, die Nestwärme eines langsam durch die Geschichte gewachsenen, dicht verschachtelten Stadtkerns.

Aber Weil am Rhein wäre nicht Weil am Rhein, wollte es seine enge Verknüpfung mit dem Straßen- und Bahnverkehr leugnen. Man lebt hier ja doch ein gut Teil davon und verdankt seine Prosperität der bisherigen Entwicklung diesem zweischneidigen Schwert, der modernen Mobilität. Daß ein hoher Sättigungsgrad im Dreiländereck längst erreicht ist, eine Natur und Gesundheit gefährdende Verdichtung, das ist ein anderes Thema und eine brennende Aufgabe für die Zukunft.

Weil am Rhein, die Eisenbahnerstadt. Die »Stadt an Schiene, Strom und Straße« – wie ein leicht angegrautes Schlagwort da und dort noch fortschrittswillig verheißt. Daß die Bahn den entscheidenden Entwicklungsschub für die Stadt gebracht hat, darauf ist schon hingewiesen worden. Ohne den Rangierbahnhof, ohne die Nähe des Badischen Bahnhofs Basel, des Güterbahnhofs, wäre wohl manche Weiler Familie nicht gegründet worden, hätte Haltingen seinen ursprünglichen Charakter als Markgräfler Rebdorf nie verloren, wäre Weil heute wohl kaum »am Rhein« und ansonsten ein bedeutungsloser Ort auf der Landkarte einer heiteren, jeder Nervenkrise abholden Gegend.

»Zeitweilig wohnten in Weil über 10000 Eisenbahner, Pensionäre und Angehörige«, schreibt Josef Schweikert in seiner kleinen Weiler Eisenbahngeschichte. Heute ist die Zahl auf rund 5900 zurückgegangen. Dennoch ist der Arbeitsanfall, der täglich auf dem Rangierbahnhof bewältigt werden muß, hoch: 3000 Güterwagen, aus denen etwa 85 Züge gebildet werden. 95 Züge werden aufgelöst und 36 laufen durch.

Die Bahn hat in Weil das Tor zur Welt weit aufgemacht – auch wenn das jetzt ein bißchen volltönend klingt. Mit der Bahn hat die Vernetzung des technischen Zeitalters am Rheinknie einen Schaltpunkt gesetzt, der seine eigenen großstädtischen Gesetze mitbrachte, frischen, zugigen Wind aus dem Norden, das unbarmherzige Diktat von Schnelligkeit, Pünktlichkeit und stetem Wandel. Kein idealer Nährboden für gemächlich badischen Büroschlaf.

Und doch ist hier, man glaubt es kaum, von vergangenen Zeiten die Rede. Denn die hohe Zeit der Bahn verging in Weil am Rhein beinah so schnell, wie sie gekommen war. Die Signale und Stellhebel stehen auf Halt und Abbruch. Der riesige, stadtbildprägende Rangierbahnhof ist bereits aus den Zukunftskonzepten der Deutschen Bundesbahn gestrichen: zu langsam, zu umständlich, zu altmodisch. Der »Rückbau« des Rangierbahnhofs ist abgeschlossen. Man spricht davon, daß er in Zukunft gerade noch als Knotenpunktbahnhof und Güterverkehrszentrum Bestand haben soll. Für Weil am Rhein heißt das jedoch, daß es Raum gewinnt für neue, zukunftsweisende Projekte.

Wie zweischneidig tatsächlich das Verkehrsproblem für Weil am Rhein ist, verdeutlicht ein kurzer Rückblick auf die Geschichte des Autobahnbaus in den siebziger Jahren. Mancher erinnert sich noch heute daran, wie sich an heißen Sommertagen der Fernverkehr in nicht enden wollenden Staus durch Haltingen, durch die Müllheimer Straße quälte, bis er jenseits des Otterbacher Zolls Basel erreichte. Deutsche, Holländer, Italiener, Lastwagen, Wohnwagen, alte Menschen, junge Menschen, Urlauber, Ungeduldige, Schachmatte.

Der Alltag des stop and go. Jene langgestreckte Abschußrampe über Friedlingen, die neue Autobahn – wie schnell hat man sich daran gewöhnt – linderte das Übel auf der Stelle. Als im Juni 1980 die Gemeinschaftszollanlage ihrer Bestimmung übergeben wurde, muß es für die Haltinger, die Weiler Anlieger wie eine Erlösung gewesen sein. Rund 7 Millionen Kraftfahrzeuge passierten damals die Weiler Zollanlagen. 1989 lag die Zahl bereits knapp unter zehn Millionen. Man kann sich denken, daß sie alles andere als rückläufig ist.

So muß Weil am Rhein mit seiner Autobahn, seiner nachts taghellen Zollanlage leben. Immerhin bringt jetzt die Autobahn, was der Bahn für die Zukunft verweigert werden soll: die Chance, Schaltstelle zu sein im Herz einer neuen, europäischen Wirtschaftsordnung.

Der Tourist taucht – bleich oder braungebrannt – nur noch selten in der Stadt auf. Sucht Coke und Kinderwindeln, kramt in einer Handvoll Lire, Peseten, Francs und findet nichts Geeignetes. Hebt erleichtert und beschwingt ab nach der hochnotpeinlichen Zoll-Prozedur, fliegt am Basler Chemiequartier entlang und mitten hinein in den sonnigsten Urlaub.

Was weiß er schon von Weil am Rhein und seinen Verkehrsproblemen.

Weil am Rhein, der Verkehrsknotenpunkt. Entlastung für den innerstädtischen Verkehr brachten die neuen Zubringerstraßen.

The traffic junction at Weil am Rhein. The new feeder roads relieve the inner town of heavy traffic.

Weil am Rhein nœud de circulation. Un soulagement a été apporté par les nouvelles routes d'accès.

Blick über die Grenzen: Vom Dachgeschoß des Atlas-Hotels sieht man weit ins Elsaß hinein. Die Schweizer Grenze ist gerade einen Katzensprung weit entfernt. Für Weil am Rhein hat die Grenzlage freilich nichts Einengendes. Im Gegenteil, ein Schuß Internationalität gehört zu dieser Stadt.

A view across the borders: The top floor of the Atlas Hotel offers a view far into Alsace. The Swiss border is a just a stone's throw away. Weil am Rhein's border position certainly does not have a restricting effect on the town. On the contrary, it gives it an international feeling.

Vue au-delà des frontières. Du dernier étage de l'hôtel Atlas la vue s'étend assez loin en Alsace. La frontière suisse n'est qu'à deux pas. Il est vrai que pour Weil am Rhein la frontière n'a rien de restrictif. Au contraire une touche d'internationalisme fait partie du caractère de cette ville.

Die Gemeinschaftszollanlage bei Nacht und Nebel.
The communal customs post on a foggy night.
Installations communes de douane, de nuit et par brouillard.

Am Krebsbach bei Haltingen.
At the »Krebsbach« near Haltingen.
Au bord du »Krebsbach« près de Haltingen.

Eisenbahnalltag einst und jetzt. Die moderne Technik der heutigen Stellwerke zeigt, wie sehr der Arbeitsbereich Rangierbahnhof im Umbruch ist. Der Badische Bahnhof in Basel: Arbeitsplatz für viele Weiler Eisenbahner.

Railway life past and present. The modern technology of the present-day signal boxes shows the radical change the marshalling yard is going through. The Baden railway station in Basle now provides work for many railway workers from Weil.

Vie quotidienne des chemins de fer. La technique moderne des aiguillages d'aujourd'hui révèle à quel point les gares de triage sont un domaine de travail en transformation. La gare badoise à Bâle: du travail pour de nombreux cheminots de Weil.

Leopoldshöhe

Nachdenken über die Gartenstadt, über die »Gartenstadt-Bewegung«, die in Weil am Rhein auf der Leopoldshöhe und in Haltingen zwei Musterbeispiele ihrer Gattung hinterlassen hat.

Nachdenken über eine Lebensform, deren Eigenwilligkeit, deren schönster Sinn heute über der äußeren Form, der scheinbar zwanghaften, jede Individualität leugnenden Regelmäßigkeit, in Vergessenheit geraten ist. Häuschen an Häuschen in bescheidenem Gleichmaß. Rhythmisch geordnet, ein sinnfälliger Ausdruck für bezähmte Willkür und Geborgenheit.

Hunderte Male wiederholt sich der Griff an jedem Tag: Hemmschuh aufnehmen, im Hintergrund das sirrende Schleifen der Räder an den Schienen, die zischelnd feilende Bedrohung durch eine tonnenschwere, in Schwung geratene Masse aus Eisen, Stahl und beliebiger Ladung. Rangieren. Nichts kann dabei passieren, alles kann dabei passieren. Fett, Schmiere – der Geruch der täglichen Gewohnheit, Geruch nach Arbeit. Im Augenwinkel das silberne Schienenband, der heranrollende Wagen: Holz, ein Bündel Streichhölzer, das sich im Nu zu halbmeterdicken Stämmen, nackt, braunweiß geschält, auswächst. Jetzt muß alles im Bruchteil der Sekunde gehen, rollt der Wagen an die Hand, an den Hemmschuh, frißt sich fest, heißes Fett dampft heraus. Mit einem Knall springt der Eisenkeil wieder von der Schiene, wird Stille hörbar, während der Wagen kleiner, ein Spielzeug werdend, sich trollt. Gleis 6. Ein wohldosierter Ruck geht durch den Zug, der metallene Taktschlag des Eisenbahnalltags.

Das tönt nach, abends im Garten. Über Rettiche gebeugt, über Bohnen und jungen Salat. Hier gärtnert man im Unterhemd. Tauscht die Vor- und Nachteile des Hasendungs von Beet zu Beet. Wenn die Sonne verschwunden ist, wird es rasch kühl zwischen den Häusern, kommt der Spaten in die Kiste und das Hemd auf den Buckel. Morgen ist wieder ein Tag.

Wir machen uns heute keine genaue Vorstellung davon, wie marode die Lebensbedingungen der Arbeiterfamilien in den Großstädten am Ende des 19. Jahrhunderts waren. Übervölkerte Einfachstwohnungen, um kahle, lebensfeindliche Innenhöfe gruppiert. Finsternis, Enge, schlechte Luft. Die hygienische Versorgung der Familien eine Katastrophe. Tuberkulose, schmutziges

Wasser, Hunger, Elend. – Die Gartenstadt-Bewegung ist eine der Antworten auf diese Situation. Sie hat ihre Wurzeln in England und findet in den zwanziger Jahren in vielen Großstädten Deutschlands begeisterte Anhänger. Weil am Rhein darf als eines der frühesten und wohl auch gelungensten Beispiele dieser Architektur gelten.

Adolf Lorenz, der Karlsruher Planer, ging in seinen Vorstellungen, wie Hans Jakob Wörner eindrücklich nachweist, auf barocke Stilmuster zurück. – »Die in der Regel zweigeschossigen Häuser mit ihren breiten Walmdächern, ihrer regelmäßigen Fassadenordnung mit gedrungenen Fensterformaten, mit rhythmisierenden großen Zwerchhäusern und dazwischenliegenden kleinen Wiederkehrgauben können und wollen ihr ›barockes‹ Vorbild nicht verheimlichen: Es sind Formzusammenhänge, die letztlich aus den erhaltenen und bekannten Barockstädten (Potsdam, Erlangen) entnommen sind.«

Aber das ist nur die äußere Haut. Daß sich in den Gartenstädten eine soziale Bewegtheit ausspricht, die das enge Verhältnis von Leben und industrieller Arbeit auf ihre Art ausbalancieren will, das tritt heute viel zu sehr in den Hintergrund. Wir lieben es nicht mehr, von einem so eng und gleichmaschig geknüpften Netz gehalten zu werden, wehren uns unterschwellig gegen den versteckten Anspruch des Totalitären, den diese Siedlungsform auch ausdrückt.

Vielleicht ist das die Frucht der Erfahrungen mit dem spezifischen Totalitarismus der Nationalsozialisten, die alle sozialen Bewegungen der Jahrhundertwende – jenes vielfarbige Spektrum jugendbewegter, gesundheitsbewußter, naturliebender neuer Lebensweisen – geschickt aufsogen, um sie ihren eigenen, fragwürdigen Zielvorstellungen nutzbar zu machen. Die Gartenstadt-Idee des solidarischen und genossenschaftlichen

Ins Grüne gebaut ist die Gartenstadt Leopoldshöhe. Regelmäßigkeit und Überschaubarkeit zeichnen die Siedlung aus. Großzügige Innenbereiche schaffen Luft und Lebensraum.

The gardening town of »Leopoldshöhe« has been built into the countryside. The housing scheme is regularly and clearly constructed. Generous inner areas create a pleasent living space.

La cité-jardin de »Leopoldshöhe« est construite dans la verdure. Régularité et organisation sont les caractéristiques du lotissement. La qualité de l'air et de la vie tient à la conception généreuse des espaces intérieurs.

Teilens, der erste grünbewegte Aufbruch in neue, bislang nicht dagewesene Lebensformen, das alles ist ohne rechte Chance auf langfristige Entwicklung an der Gewalt dieses Jahrhunderts zuschanden gegangen.

Blenden wir zurück in die Jahre zwischen 1910 und 1920. Nach längeren Vorbereitungen beginnen 1915 auf dem Gewann »Weißenmarkstein« die Bauarbeiten. Es entsteht der erste Siedlungsabschnitt unmittelbar neben dem Bahngelände und erstreckt sich etwa bis zur Marktstraße – Fichtenstraße. Die weitere Ausdehnung nach Osten erfolgt immer an der Bahnlinie Weil – Lörrach entlang, erreicht zunächst die Bannstraße und schließlich die Turmstraße. Konsum, Schulen, soziale Einrichtungen und einige wenige Geschäfte sollen die Autarkie der neuen Eisenbahnersiedlung garantieren. Kulturelle Vereine werden gegründet, die katholische Kirche faßt wieder Fuß, so daß die 1905 erbaute Kirche St.-Peter-und-Paul 1927 sogar erweitert werden muß.

Was ist von alldem über die noch immer eindrucksvolle Architektur hinaus geblieben? Ein Gegengewicht zum alten dörflichen wie zum modernen Weil am Rhein, ein glücklicherweise nicht stil- und formlos in die Neuzeit gewachsener Siedlungsteil.

Noch immer wird Salat gepflanzt in den geschützten Innenhöfen, wird über Sinn und Unsinn des Hasendungs verhandelt. Noch immer blüht die Siedlung verschwenderisch auf, wenn die Zeit danach ist. Noch immer sitzt man abends nach der Arbeit vor dem Häuschen, hört der Amsel zu und dem Fernsehgerät aus dem Nachbarhaus. Und wenn es nachts einen Moment lang ganz still über der Stadt ist, rollen singend die Eisenräder durch den dünnen Schlaf.

Der jüngere Teil der Leopoldshöhe rund um das 1964 eingeweihte Rathaus von Weil am Rhein. Das heutige Zentrum.

The newest part of »Leopoldshöhe« around Weil am Rhein's town hall which was opened in 1964. This is today the town centre.

La partie la plus récente de »Leopoldshöhe« autour de l'hôtel de ville inauguré en 1964. Le centre-ville aujourd'hui.

Zur Idee der Gartenstadt-Bewegung gehörte von allem Anfang an die Selbstversorgung. Jedes Siedlungshaus sollte seinen Garten, seine Laube haben. Das macht diese Siedlungsform auch heute wieder aktuell.

The idea of a gardening town has from the start incorporated the idea of self-sufficiency. Each house should have its own garden and its own summer house. In this respect, this kind of housing scheme is still relevant today.

Ce qui définissait la cité-jardin dès son origine était l'idée de pouvoir subvenir à ses propres besoins. Ainsi chaque maison du lotissement devait avoir son jardin et sa tonnelle. C'est ce qui fait de cette forme de lotissement une idée toujours moderne.

Die Leopoldschule in der Gartenstadt – am Fußball-Nachwuchs in der Stadt wird es so schnell nicht fehlen.

The Leopold school in the gardening town. The town will not be lacking in young footballers for a long time to come.

L'école Leopold dans la cité-jardin. La ville n'aura pas de problème à constituer une équipe de football junior.

Dem Weiler soll – darf man der alten Tschamber-Chronik glauben – das Rebmesser wie die Streitlust einst recht locker am Bund gesessen haben. – Wie sehr sich doch die Zeiten ändern ... dies zeigt die freundliche Parade heutiger Weilerinnen und Weiler (und solcher, die es gerne wären) beim Neujahrsempfang 1991.

If the old Tschamber chronicle is to be believed, the inhabitants of Weil were once quick to pull the knife and generally of an aggressive disposition. How times change ... as the happy sight of the present (and would-be) inhabitants of Weil at the New Year celebrations in 1991 shows.

C'est volontiers que les habitants de Weil – si l'on en croit la chronique Tschamber – se servaient de leur couteau à tailler les vignes et se querellaient. Mais les temps changent vite ... ainsi en témoigne aujourd'hui la parade amicale des habitants et habitantes de Weil (et de ceux qui aimeraient compter parmi eux) lors de la réception du Nouvel-An 1991.

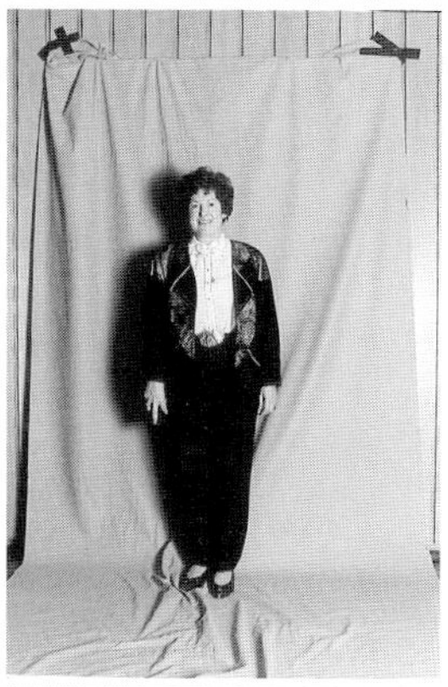

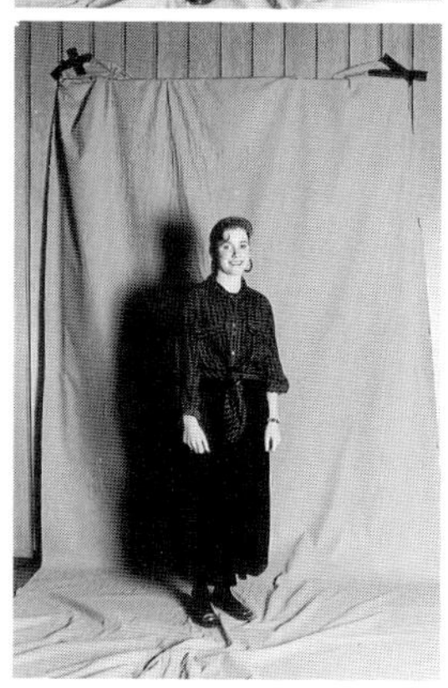

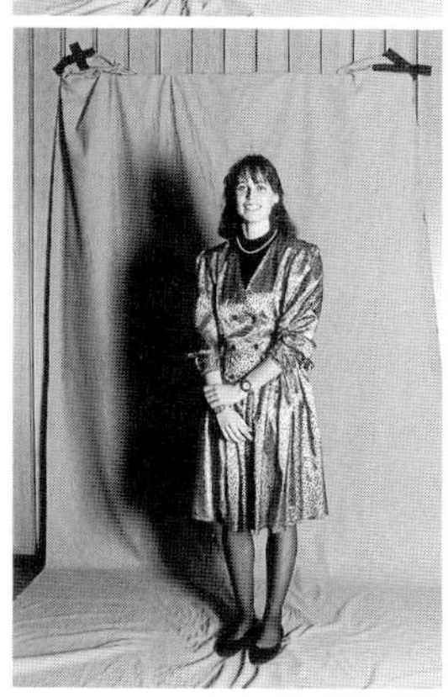

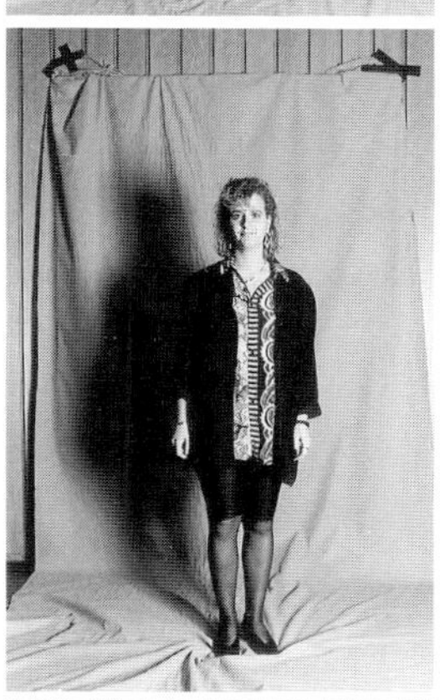

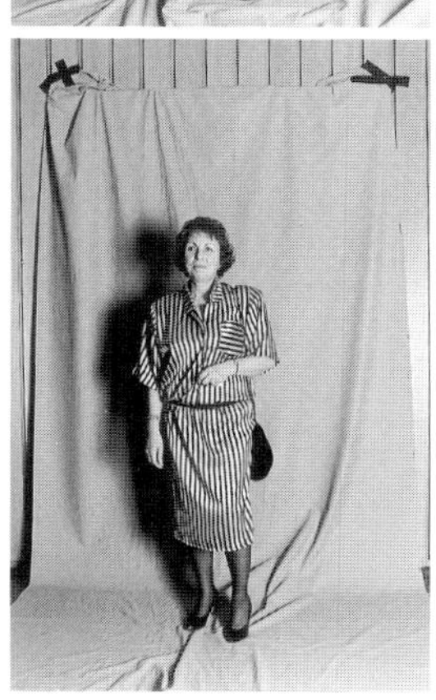
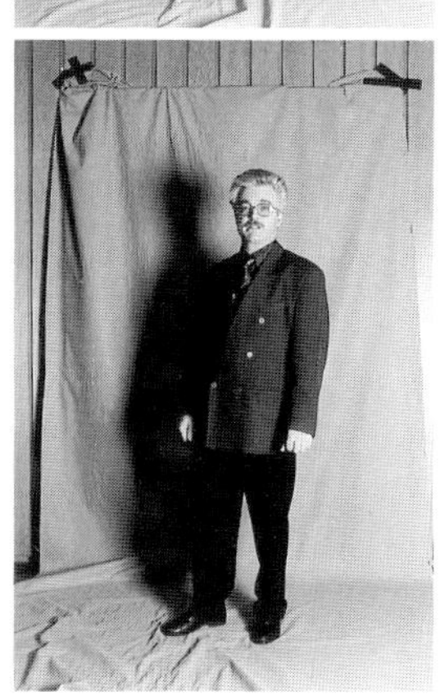

Brückenschlag

Nein, über diesen Rhein lassen sich heute keine schlechten Gedichte mehr schreiben. Der Schicksalsstrom von europäischer Tragweite, unser mythenbefrachteter deutscher Rhein, er hat mittlerweile selbst ein Schicksal zu tragen, das jedes hochfliegend hohle Rhein-Pathos ganz von selbst verbietet. Vorbei die Lorelei. Die »Wacht am Rhein« – bittere Notwendigkeit: Ein Chemie-Frühwarnsystem mit computergesteuertem schlechten Gewissen. Der elsässische Nachbar leitet ungerührt Kalisalze ein; die Stadt Basel dies und das.

Wir stehen an einer modernen Wasserstraße und blinzeln hinüber nach Hüningen zur Partnerstadt am anderen Ufer.

Breit ist er schon und eindrucksvoll, der Europäer Rhein, der da nach dem eleganten Basler Kurvenbogen seiner alpin-kühlen Hochrheinherkunft Valet sagt, im schnurgerade betonierten Flußbett träge nordwärts fließt. Breit und ein bißchen belastet. Aber selbst die blitzweißen Schwäne haben sich offenbar schon an den neuen Lauf der Dinge gewöhnt, suchen im Treibgut nach Verwertbarem. Nur – daß der Lachs vor noch nicht allzu ferner Zeit in Basel Dienstbotenspeise gewesen sein soll, an Fasttagen zu reichen (wie ein Basler Dokument beredt nachweist), das klingt für unsere Ohren dann doch beinahe unglaublich.

Weil am Rhein kann für die Sorgen und Nöte seines prominenten Anrainers freilich am wenigsten. Selbst in den Zeiten, in denen es die Kläranlage Bändlegrund noch nicht gab, dürfte der Anfall an belastetem Abwasser überschaubar gewesen sein.

Die Stadt – genauer: der Raum, den die heutige Stadt einnimmt – war vielmehr über Jahrhunderte Leidtragende der Rhein-Geschichte.

Ein Blick auf die Landkarte aus der Zeit vor der vielzitierten Rheinregulierung durch den Geometer Johann Gottfried Tulla zeigt sofort, wie ungebärdig sich Vater Rhein vor seiner Bezähmung den Weg bahnte. Von Hochwasser zu Hochwasser je ein anderes Bett – ohne Rücksicht auf Landverluste. Da versteht man schon, daß die Regulierung, die ja den ganzen Charakter des Rheinvorlands verändert hat, aus Sumpf Steppe machte, aus Flußbett Autobahn, aus dem Fischerdorf Märkt eine Wohngemeinde – daß also dieser Eingriff in die Natur eines mächtigen Stroms zunächst volle Zustimmung erhielt. In unserer Zeit ist die Meinung über die Rheinbegradigung wieder geteilt: Das Absinken des Grundwasserspiegels und die daraus resultierende Versteppung ehemals feucht-fruchtbarer Landstriche ist zudem ein noch ziemlich junges Phänomen. Wir wissen nicht, wohin das führt.

Ob man sich darüber freuen soll, daß Weil am Rhein durch seine Nähe zum immer wieder nachhaltig umkämpften Grenzstrom geschichtsträchtig wurde – auch darüber wird man lange debattieren können. Krieg und Zerstörung

begleiten fast den ganzen Weg Weils durch die neuere Geschichte. Die Franzosen – par exemple – wüteten im Spanischen Erbfolgekrieg 1702 rund um den Tüllinger und vernichteten in der Schlacht bei Friedlingen so gut wie alles, was ihnen in den Weg kam: Häuser, Kirchen, Tier- und Menschenleben. Daß die Dörfer Haltingen und Märkt nicht mehr ihren hergebrachten Charakter als Markgräfler Dörfer besitzen, auch das ist dem zweifelhaften Ruhm einer Frontregion zu verdanken. Sie wurden im Zweiten Weltkrieg weitgehend zerbombt.

Um so bedeutender der heutige Brückenschlag – im wörtlichen Sinn. Denn die Palmrainbrücke, die moderne Nachfolgerin einer Eisenbahnbrücke

aus den siebziger Jahren des vergangenen Jahrhunderts, hat nicht nur verkehrstechnischen Wert. Jenseits des Rheins, wenn er den französischen Zoll passiert hat, ist der Weiler noch immer so gut wie zuhause. 1962 wurde die Jumelage zwischen Hüningen und Weil am Rhein offiziell besiegelt. Die Brücke steht für eine Nähe der Nachbarstädte, die wohl noch nie – auch nicht in Zeiten nationaler Gegnerschaft – ganz und gar entfremdet waren.

Das bringt uns zurück an den Strom, der die Nachmittagssonne in tausend wirbelnde Lichtkringel zerlegt. Es ist die günstige Lage als Knotenpunkt, die Weil am Rhein, die offene Stadt immer wieder auszeichnet. Hier legen Schiffe aus Holland und Belgien am Hafenkai an, bringen her, nehmen mit. Hier kann, wer will und sich die Zeit nimmt, mittags zwischen den Bürostunden ein Quentchen Fernweh tanken. Denn das Meer ist dem Sehnsüchtigen immer nah.

Die Palmrainbrücke verbindet Weil am Rhein mit seiner Partnerstadt Hüningen. Breit ist der Strom nach seinem Basler Kurvenbogen – ein stattlicher Europäer, der das Dreiländereck mit den großen Wirtschaftszentren und Häfen des Nordens verknüpft.

The Palmrain bridge connects Weil am Rhein with its partner town Hüningen. The river becomes wider here after the bend at Basle – this magnificent European, linking the joining of the three countries with the large business centres and ports of the North.

Le pont de Palmrain relie Weil am Rhein à son partenaire: Hüningen. Le fleuve est large après ses boucles bâloises. Un Européen imposant qui relie ce triangle des trois pays aux grands centres économiques et aux ports du nord.

Massengut, Stückgut und Container werden im Deutschen Hafen Weil am Rhein abgefertigt. Jährlich sind das 800 Schiffe, 6000 Waggons im Fernverkehr und 10 000 Lkw in der Flächenverteilung. In 14 Betrieben sind dabei ca. 500 Beschäftigte tätig.

Bulk goods, parcels and containers are manufactured in the German port of Weil am Rhein. 800 ships, 6000 long-distance goods waggons and 10 000 lorries per year distribute the goods. Approximately 500 workers are employed in 14 firms.

Le transport des marchandises en vrac ou à la pièce et de conteneurs passe par le port allemand de Weil am Rhein. Chaque année cela représente 800 bateaux, 6000 wagons de transport à longue distance et 10 000 camions ainsi que les surfaces nécéssaires à ce trafic. 500 employés répartis en 14 entreprises travaillent à ce transport.

Friedlingen

Mancherorts begnügt sich die Geschichte nicht damit, mehr oder minder kleine Verbesserungen an das Bestehende anzufügen, etwas frischen Firnis aufzutragen, wieder nachdunkeln zu lassen. Radikal tritt der Wandel der Zeiten zutage, reißt ein, läßt verschwinden und baut wieder auf. Kann sich nicht abfinden mit einem nach langer Entwicklung entstandenen status quo und offenbart so – durch die Hintertür – Grundsätzliches, über jede Zeit Hinausweisendes: daß das Neue dem Alten immer wieder unnachgiebig Platz machen muß.

Friedlingen, der Stadtteil von Weil am Rhein, der am eindrucksvollsten durch die Industrie geformt wurde, ist ein Paradebeispiel für dieses Phänomen. Werden und Vergehen in – historisch gesehen – atemberaubend schnellem Wechsel. Das macht die Beschäftigung mit Friedlingen spannend, nicht nur für den, der seine Geschichte erzählen will. Friedlingen ist mitten in der Umplanung, verändert, während diese Zeilen geschrieben werden, so grundlegend sein Gesicht, daß die Architekturhandschrift unserer Gegenwart ein beinah weißes Blatt vorfindet, das neu beschrieben werden kann. Die ehedem harten Gegensätze von Industrie und Leben, sie dürften dabei erheblich rundere, reich durchgrünte Konturen bekommen.

Eines der frühen Zeugnisse über Friedlingen, das damals noch Ötlikon hieß, berichtet von der Zerstörung des Friedlinger Wasserschlosses, im Bereich der heutigen Lonza: Der Hof der Klingentaler Klosterfrauen, so heißt es, sei von einem Trupp Eidgenossen bei der Rückkehr von ihrem Rachefeldzug gegen den österreichischen Breisgau am 5. August 1445 in Brand gesteckt und geplündert worden. Der Basler Chronist Christian Wurstisen weiß dazu noch zu sagen, daß Adelberg von Bärenfels sich ihnen gegenüber feindlich gezeigt habe und »im Hinabziehen von der Zinnen über sie geschmähet hatte«. – Wahrlich ein Grund, das Wasserschloß in Schutt und Asche zu legen.

Ötlikon bekommt 1649 seinen neuen Namen. Markgraf Friedrich V., der das wieder aufgebaute Schloß von den Herren von Rotberg erwirbt, wird durch den Westfälischen Frieden, der ja den Dreißigjährigen Krieg beendete, so bewegt, daß sein Ötlikon künftig und bis in unsere Tage Friedlingen heißen sollte. Dies verhinderte freilich nicht seine erneute und endgültige Zerstörung im Spanischen Erbfolgekrieg 1702. Und so verschwindet das erste Friedlingen rätselhaft spurlos aus der Geschichte, um einem neuen, gänzlich anderen, Platz zu schaffen.

Das 19. Jahrhundert entdeckt den Industriestandort rund um die Schusterinsel und weiß seine günstigen natürlichen und wirtschaftstechnischen Voraussetzungen zu schätzen. Das Maschinenzeitalter bricht an: Dampfkessel, hektische Treibräder, Transmissionen bestimmen den Takt der Tage – eine letztlich kurze, gleichwohl strukturbildende Zeitspanne lang. Die Fachleute sprechen von »Industriebrache«, wenn sie das beschreiben, was in Friedlingen entstand, nachdem die Jahrzehnte blühender Textilfabrikation zu Ende waren. Leer die Fabrikhallen, die Werkstätten, die Kesselhäuser – Tristesse allenthalben: Scheiben gehen zu Bruch, es regnet durch die Sheddächer, Kraut und Moos behaupten sich dort, wo keine nachträgliche Nutzung als Lager- und Verkaufsraum möglich wurde. Drei große Produktionsstätten hatte es gegeben. Und alle drei mußten sich dem weltweiten Strukturwandel in der Textilbranche beugen.

Der stattliche Firmenkomplex der »Färberei & Appretur Schusterinsel GmbH« (kurz: F. A. S.) war die älteste Anlage. 1975 kam für die Belegschaft das Ende. Und von den vielfältigen Produktionsstätten – einer »Industrielandschaft« der Gründerzeit wie aus dem Bilderbuch –, von den Sägezahn- oder Laternendächern, den Schloten und Verwaltungsgebäuden ist heute nichts mehr zu sehen. Schräg gegenüber, unmittelbar am Rhein gelegen, befand sich das Werksareal der Firma Schetty. Sie hätte 1998 ihr hundertjähriges Bestehen feiern können. Doch 1970 wurde die Produktion eingestellt.

Wer heute von den umfangreichen Betriebsgebäuden des Schetty-Areals noch etwas finden wollte, der staunte nicht schlecht: Regelrecht

riesig erhebt sich dort das neue »Rhein-Center«, ein Vielzweckbau mit dem Hauptakzent als Einkaufsparadies. Dezent dagegen: das »Glashaus« im Hintergrund des »Rhein-Centers«. Ein Stück Architekturgeschichte, denkmalgeschützt, sorgfältig renoviert. Ein Rest vom alten industriellen Friedlingen.

Das »Schwarzenbach-Areal«, der dritte Protagonist vergangener Friedlinger Textilherrlichkeit, wird den jüngsten Umbau des Stadtteils relativ wohlerhalten überleben. Weil am Rhein hat sich

entschlossen, mit dem »Gewerbehof Schwarzenbach« weite Teile des ehemaligen Firmengeländes zu sanieren und einer neuen Verwendung zuzuführen. Das Herz des Areals: die alte Werkstatt der Firma Schwarzenbach, die renoviert und als Museum Weiler Textilgeschichte der Öffentlichkeit zugänglich gemacht werden soll.

Wohin will die Zeit diesmal mit Friedlingen? – Wird es ihm gelingen, auf den geschwinden Technologie-Zug aufzuspringen, der auf der »Süd-Schiene« der Bundesrepublik für Prosperität und Wachstum sorgt (während die nördlichen Industriereviere der ersten Generation ums Überleben kämpfen)?

Leben in Friedlingen: Auch die Hinterhöfe der Industrielandschaften haben ihre eigene Poesie. Ein Stück Rasen neben der Brandmauer. – Wuchtig überquert die Autobahn den Osten Friedlingens. Ein Tribut der Gegenwart an den Massenverkehr.

Life in Friedlingen: Even the back yards of the industrial areas have their own kind of poetry. A piece of lawn near the fire wall. – The motorway crosses the East side of Friedlingen. A tribute from present times to mass traffic.

Déroulement de la vie à Friedlingen: La poésie fait également partie des arrière-cours de ce paysage industriel. Un peu de gazon le long du mur mitoyen coupe-feu. L'autoroute, très imposante, traverse l'est de Friedlingen. Un tribut contemporain à une circulation très lourde.

RHEIN CENTER
BiG GANZ GROSS EINKAUFEN !
FASHION TOWER

Das neue Friedlingen wandelt das alte Gesicht. Gewerbe und Wohnen soll in ausgewogenem Nebeneinander den Stadtteil prägen. Eine Chance, Sanierung von Grund auf zu betreiben und die Industriebrache der letzten Jahrzehnte wieder fruchtbar zu machen.

The new Friedlingen changes its old face. This part of the town is characterized by the close proximity of trade and housing. This provides an opportunity to redevelop the town from scratch and to make the industry, which has developed over the past decades, productive again.

Le nouveau Friedlingen change de visage. Les bâtiments nécéssaires au travail et à l'habitat doivent se cotoyer harmonieusement dans ce quartier. Une occasion de rénover de fond en comble et de remédier au désert industriel des dernières décennies.

Alltag
am »Tüllinger Hügel«

Diese Stadt – unser Weil am Rhein – spielt mit ihren tausend überraschenden Möglichkeiten. Wechselt die Klaviaturen, die Schattierungen, den Fundamentbaß nach Belieben. Läßt da und dort selbstbewußt großstädtisch aufrauschen und tritt doch gleich wieder zurück in die leiseren, bukolisch ländlichen Register. Das durchwirkt den Alltag in dieser Stadt, legt Grundtönungen fest, deren häufiger Wandel den Reiz des Lebens in Weil am Rhein ausmacht.

Ein Beispiel für viele andere: Der Chemie-Ingenieur M. verläßt frühmorgens sein Alt-Weiler Haus, schwingt sich aufs Fahrrad und erreicht nach wenigen Metern die Schweizer Landesgrenze. Schon jetzt wird die Fahrt an den Arbeitsplatz zum Vergnügen. Morgenstille unter hohen Buchen. Die Wiese springt aufgeweckt von Wehr zu Wehr. Ein Hundebesitzer genießt gähnend die ersten Sonnenstrahlen. Wir sind längst in Basel, haben es kaum bemerkt. Spätestens dann, wenn der Weg unter der Autobahn durchführt, hat M. der Alltag eingeholt. Donnernde Lastwagen, Eisenbahnbrücken, Beton, Fernverkehr, Stau. Ein Glück, daß M. seinen Durchschlupf kennt, die Wiese per Radweg überqueren kann und so nach wenigen Minuten den Rhein erreicht. Kein Tag ohne einen Seitenblick aufs alte Basel. Schon biegt das Rad ins Werksgelände ein, zückt M. seinen Ausweis, ist er da. 20 Minuten Fahrzeit wie immer.

Ohne Basel, möchte man denken, wären wir nichts in Weil am Rhein, im Dreiländereck. Aber diese überspitzte Sicht der Lebensverhältnisse kann so nicht stehenbleiben. Was wäre, dagegen gesagt, Jacob Burckhardt, der bedeutende Basler Historiker, ohne seinen Haltinger »Hirschen« gewesen, ohne die allwöchentliche Inspirationsquelle Gutedel aus dem hohen, schmalen Glas? – Um wie viele gewichtige Gedanken wäre die Welt heute ärmer ohne diese unsere

tätige Nachhilfe? Es geht eben dreifach hinüber und herüber bei uns. Zum wechselseitigen Nutzen aller Beteiligten.

Kein Tag ohne Basler Einkäufer in den Weiler Geschäften, ohne Eidgenossen in der Weiler Gastronomie, ohne schweizerische Wanderer das Wiiwegli entlang. Die Franzosen, die Elsässer, sie spielen dagegen in diesem Regio-Trio eine zurückhaltende Stimme. Das mag mit den Kursunterschieden zu tun haben, aber auch mit der Sprachbarriere, die nach Basel hinüber für uns dann doch eine Spur lockerer zu überspringen ist. Es ist, summa summarum, alles da, was der Mensch zum Leben braucht am Fuß des »Tüllinger Hügels«. (Wie unsere Basler Nachbarn zu sagen pflegen. Und Jean Paul fällt dazu ein: »In allen Sprachen verkleinert die Liebe ihr Geliebtes, gleichsam um es zu verjüngen und zum Kinde zu machen, das ja der Amor selbst ist.«)

Das Land kommt zweimal die Woche in die Stadt und bietet seinen Reichtum feil: die Ernte der jeweiligen Jahreszeit. Kraut und Rüben, Schnaps und Lebensrat. Einst war das ein Privileg der Stadt Basel gewesen, zogen die Weiler, die Markgräfler Bauersfrauen bei Tagesanbruch ihre schwer beladenen Marktwagen auf den großen Platz vor dem herrschaftlich roten Rathaus. Brachten neue Moden mit nach Hause, seltsame Ansichten, ein Säcklein Pfeifentabak und das Neueste zum Zeitgeschehen. Das hat dem Land hier schon früh einen Zug Offenheit gegeben, lebensnahen Markgräfler Eigensinn. Das beste Rezept gegen jede Fuchs-und-Has-Gute-Nacht-Mentalität.

Sogar die Soziologen, deren papierene Schützenhilfe uns einen Moment lang willkommen sein soll, bestätigen es: Der Trend geht in die Mittelstadt. Mit anderen Worten: Weite Teile der bundesrepublikanischen Bevölkerung träumen nicht davon, in Frankfurt, Hamburg oder München zu leben. Auch der kerngesunde Allgäuer Einzelhof mit Quelle und rheumafreundlicher Alpensicht ist nicht das Ziel aller Wünsche. Nein, die überschaubare, mit allen erforderlichen Bildungs- und Freizeiteinrichtungen ausgestattete Mittelstadt ist das Idealbild des heute gewünschten Lebensorts.

Das ist interessant, zumal für uns. Weil wir schon dort sind, wo alle andern erst noch hinwollen. Das ist aber auch verständlich. Denn wie aus allen Fugen kann einem manchmal das Leben in den Millionenstädten erscheinen. Ohne jene gesunde Mischung aus ländlichen und städtischen Elementen, die sich ergänzen und dem Wirklichkeitsverlust im einen oder anderen Extrem vorbeugen. Die Kleinheit ist unser geringstes Problem. Weil unsere wahre Größe von Straßburg bis aufs Jungfraujoch reicht, von Radolfzell bis über die burgundische Pforte.

Und wer's nicht glaubt, den führen wir geschwind in den Basler Zolli und binden ihm einen dicken, braunbrummigen Bären auf.

Der Weg am Wieseufer, ein verträumter Spazierpfad – mit der Kamera impressionistisch eingefangen.

The path along the banks of the Wiese. An idyllic walk and a quick connection to Basle.

Chemin le long de la rive: à la fois une occasion de rêver et un moyen d'atteindre facilement Bâle.

Die große Rutschbahn beherrscht den hohen Kuppelbau des »Laguna« Hallenfreizeitbades. Daneben gibt es eine Vielzahl von Möglichkeiten, sich planschend, schwimmend oder faulenzend zu erholen. Der Erfolg gibt »Laguna« recht. Das Bad ist zum festen Begriff in der weiteren Region geworden und aus Weil am Rhein nicht mehr wegzudenken.

The giant slide dominates the high domed construction of the »Laguna« indoor leisure centre. It provides endless possibilities for relaxation, whether splashing around, swimming or just lazing about. And »Laguna« is certainly successful. The centre is known all over the region and has become an integral part of Weil am Rhein.

C'est un grand toboggan qui donne son caractère à la »Laguna«, centre nautique de loisirs dont le toit a une forme de coupole. On peut s'y détendre de bien des façons: bain, nage, repos. Les succès de la »Laguna« justifie sa construction. Pour cette »région« au sens large du terme, cette piscine est devenue une institution qui fait partie intégrante de Weil am Rhein.

Einen deutlichen Akzent setzt das neue Gebäude der Sparkasse Markgräflerland in der Hauptstraße. Es steht für die jüngste Architektur der Stadt und bildet – leicht zurückgesetzt – einen städtischen Ruhepunkt in der belebten Geschäftsstraße.

The new »Markgräflerland« savings bank in the main street has set a distinct new trend. It represents the latest architecture in the town and, set back slightly from the street, it forms a resting place in the busy shopping street.

Le nouveau bâtiment de la caisse d'épargne du »Markgräflerland« donne un accent particulier à la rue principale. Sur le plan architectural c'est le bâtiment le plus moderne de la ville et, grâce à sa construction légèrement en retrait, c'est un lieu de repos au cœur de cette rue commerçante animée.

Schnurgerade führt die Hauptstraße von der Leopoldshöhe nach Alt-Weil an den Hangfuß des Tüllingers. Wer einkaufen will im Stadtzentrum, der findet hier fast alles nah beisammen. Freilich, der Einzelhandel in den anderen Stadtteilen ist gleichfalls rege um Kunden bemüht. Und wer die Wahl hat, der hat die Qual ...

The main street leads straight from the »Leopoldshöhe« to the old part of Weil at the foot of the »Tüllinger«. The shopper can find everything here in one place. Of course the retail trade in the other parts of town flourishes equally well. One is really spoilt for choice.

Comme tirée au cordeau la rue principale s'étire de »Leopoldshöhe« au vieux Weil, au pied du Mt. Tüllinger. Qui veut faire ses

courses au centre-ville trouve tout là en un même lieu. Certes le petit commerce est aussi très animé dans les autres quartiers de la ville et soucieux de satisfaire les clients. Mais cela ne fait que contribuer à l'embarras du choix!

Beschaulich geht es auf dem Wochenmarkt zu, der zweimal in der Woche auf dem Rathausplatz stattfindet. Markgräfler Bauersfrauen bringen das mit, was ein alles in allem mildes Klima und der Fleiß ihrer Hände auf den Feldern draußen gedeihen ließ.

Things are fairly quiet at the market, which takes place twice a week on the town hall square. The farmers wives from all over »Markgräflerland« bring everything they can grow in the mild climate and with hard manual work in the fields.

Le marché qui a lieu deux fois par semaine sur la Place de l'hôtel de ville est paisible. Les femmes des cultivateurs du »Markgräflerland« y apportent tout ce qui prospère dans un climat aussi doux et qui est le fruit de leur zèle.

Haltingen veranstaltet regelmäßig seine Einkaufstage, und das Karussell ist dabei natürlich ein wichtiges Ereignis. Kinder, Kinder – kann man da nur sagen ... und über die internationale Besetzung einer Friedlinger Schulklasse staunen.

Haltingen regularly organizes shopping days, and of course the merry-go-round is an occasion not to be missed. There are children everywhere ... and look at that school group from Friedlingen with pupils of all nationalities.

A Haltingen il y a régulièrement des journées commerciales et le grand manège est naturellement une attraction importante. One ne peut qu'appeler les enfants et s'étonner du caractère international d'une classe de Friedlingen.

Maria Pia

Fidan
WORLD CLASS
WRESTLING
CHAMPIONSHIP
TITLE MATCH

KADIR

Stefani

Kahtrin

Daniel

Michael

QUAN

Lan

Stadtteile

Haltingen
Stadt Weil am Rhein
Lkr. Lörrach
Zollgrenzbezirk

Märkt
Stadt Weil am Rhein
Landkreis Lörrach
Zollgrenzbezirk

Hoch oben auf dem Rücken des Tüllinger Berges – dort, wo er sich sanft in Richtung Kandertal wieder absenkt – liegt Ötlingen, der Stadtteil von Weil am Rhein, der seine historisch gewachsene, dörfliche Substanz am reinsten erhalten konnte.

Der Eingemeindungsvertrag mit der Stadt Weil am Rhein wurde 1971 unterzeichnet. In einem Zusatzabkommen bekam Ötlingen eine eigene Ortschaftsverfassung, die zahlreiche Entscheidungsbefugnisse im Dorf beläßt. Entscheidende Impulse für den Erhalt des wertvollen, denkmalgeschützten Ortsbilds wurden durch die »Dorfentwicklung«, ein Sanierungsprogramm des Landes, gegeben. Mit dessen Hilfe gelang es, weite Teile der aus dem 16. und 17. Jahrhundert stammenden Architektur so zu sanieren, daß Ötlingen, als preisgekröntes Musterdorf des südlichen Markgräflerlands, weit über Weil am Rhein hinaus bekannt wurde.

Der Weinbau, die ausgedehnte Rebfläche in der südlichen Bergkehle unterhalb des Dorfes, bestimmt noch immer den Grundcharakter Ötlingens. Die Zeiten freilich, in denen die Landwirtschaft der Haupterwerb der Bevölkerung war, sind längst vorbei. Ötlingen gilt als einer der beliebtesten Wohnorte der Stadt. Ein Neubaugebiet schließt sich an den Dorfkern im Norden an. Um in Ötlingen auch in Zukunft Wohnmöglichkeiten bieten zu können, denkt man daran, die großen, zum Teil leerstehenden Scheunen am nördlichen Dorfrand umzubauen und durch stilgerechte Neubauten zu ergänzen.

Berühmt in der ganzen Stadt: Die »Ochsen«-Terrasse mit dem Blick weit über die Basler Bucht. Ein Höhepunkt für Weil am Rhein.

Hoch droben am Berg: Das denkmalgeschützte Dorf Ötlingen.

High up on the hill: Ötlingen a historical monument

Haut sur la montagne: le village protégé d'Ötlingen.

Ötlinger Bilderbogen: Die »Dorfstube« ist im »Gretherhaus« untergebracht, das nach den Richtlinien der Dorfentwicklung saniert wurde. Von der »Ochsen«-Terrasse aus sieht man bis weit in den Schweizer Jura. Der alte Dorfkern rund um die Kirche – ein Markgräfler Weindorf wie aus dem Bilderbuch.

An illustrated broadsheet of Ötlingen. The »Dorfstube« (village inn) is accommodated in the »Gretherhaus«, which has been renovated according to the guidelines of the village development scheme. The terrace of the »Ochsen« offers a view far into the Swiss Jura. The old village centre around the church presents a picture of a typical wine village of the area.

Arc-en-ciel à Ötlingen. Le »Dorfstube« se trouve dans la »Gretherhaus« qui a été rénovée selon les grandes lignes du développement municipal. De la terrasse du restaurant »Ochsen« (Au bœuf) la vue s'étend sur le Jura suisse. Le vieux noyau du village autour de l'église: village viticole du Pays de la Marche, comme sorti d'un livre d'images.

Haltingen ist mit der Kernstadt Weil am Rhein am dichtesten verwachsen. Das Schienennetz des Rangierbahnhofs umgreift den Stadtteil Haltingen genauso wie die Leopoldshöhe. Und wer von oben auf die Stadt hinunterblickt, kann sich fast ausrechnen, daß eines Tages Haltingen und die Leopoldshöhe zusammenwachsen werden. Dabei war die Neigung der Haltinger, künftig zu »Wiilern« zu werden, gar nicht sehr groß. Bis auf den letzten Tag hatte die ehemalige Haltinger Gemeindeverwaltung die Entscheidung hinausgeschoben. Es half nichts: 1975 stand man vor vollendeten Tatsachen. Das stattliche Rebdorf Haltingen hatte sich zum Stadtteil gewandelt.

Die Reben waren viele Jahrhunderte lang Haltingens Haupterwerb. Die Reben und das Obst. Beide werden in großen Genossenschaften vermarktet. Die Bahn kam im 19. Jahrhundert und veränderte Haltingen, lange bevor die Leopoldshöhe, also Weil, den Bahnanschluß bekam. Heute betreibt die Bundesbahn in Haltingen große Bahnbetriebswerke.

Haltingen war bis in unser Jahrhundert ein typisches Markgräfler Haufendorf mit engen Gassen, verwinkelten Höfen, Trotten und Scheunen. Daß davon so gut wie nichts mehr zu sehen ist, mag verwundern. Aber 1940 geriet das Dorf unter Artilleriebeschuß und brannte fast vollkommen nieder. Von den Nationalsozialisten wurde Haltingen anschließend als beispielgebendes Dorf mit großen, wuchtigen »Erbhöfen« wieder aufgebaut. Daß die St. Georgskirche, die über 850 Jahre alt ist, bei diesen Kriegsereignissen unbeschädigt erhalten blieb – es ist ein reines Wunder.

Gewichtige Höfe beherrschen das Ortsbild von Haltingen. Das alte Dorf brannte im Jahr 1940 fast ganz nieder.

The view of Haltingen is dominated by large courtyards. The old village was burnt almost to the ground in 1940.

Les grosses fermes sont la caractéristique de Haltingen. L'ancien village a presque entièrement brulé en 1940.

Märkt: Wer es nicht weiß, wird kaum glauben, daß dieser Ort vor gar nicht langer Zeit ein kleines Fischerdorf gewesen ist, in dem die Bevölkerung in der Hauptsache vom Rhein und der Rheinfischerei lebte. Der Rhein ist heute relativ weit weg von Märkt. (Zudem trennt die Autobahn das Dorf von seiner einstigen Lebensader.) Einige wenige Erinnerungsstücke an Märkter Häusern weisen noch darauf hin, daß Vater Rhein vor seiner Regulierung bis hart an den Dorfrand grenzte und reiche Fracht an Fischen mit sich trug.

Wer heute in Märkt einen Fisch sehen will, muß sich in die »Krone« begeben. Dort findet er ihn – in zahlreichen Varianten und delikat zubereitet. Aus dem Rhein jedoch wird er im seltensten Fall sein. Aber es gibt noch Fischweiher – ehemalige Altrheingewässer – in denen die Märkter Fisch-Tradition lebendig gehalten wird. Privat natürlich und mit dem Gerät des Hobbyanglers. Und einmal im Jahr ist Fischerfest, das Märkter Ereignis, das viele Gäste aus der Stadt anlockt. Märkt hat von seiner alten Substanz, bis auf Teile der Kirche, nichts mehr behalten. In den letz-

ten Kriegsmonaten des Zweiten Weltkriegs wurde das Dorf durch Brandgranaten fast völlig zerstört. An seiner reichen Vergangenheit ändert das nichts, denn auch Märkt kann auf eine mindestens 900jährige Geschichte zurückblicken.

Das Dorf wurde 1975 – gegen den Willen der Bevölkerung – nach Weil am Rhein eingemeindet. Ein kleines Gewerbegebiet bietet der heutigen Wohngemeinde im fruchtbaren Rheinvorland Arbeitsplätze. Märkt ist somit ein Bindeglied zwischen Stadt und Rebland. Und wer auf dem Dammweg den Rhein entlang wandern will, der startet gern beim Märkter Stauwehr, wo die Auenlandschaft beginnt und der Rhein in sein natürliches Bett zurückfindet.

Reich blüht es in den Gärten von Märkt. An die Fisch-Tradition erinnert der »Waidling«, ein Fischerboot.

The gardens of »Märkt« are full of brightly coloured flowers. The »Waidling«, a fishing boot, reminds one of the old fishing tradition.

Les fleurs abondent dans les jardins du »Märkt«. Le »Waidling«, un bateau de pêcheur nous rappelle la tradition de la pêche.

Kühne Perspektiven im Märkter Industriegebiet. Hinter den Dächern der Firma Wampfler: das Dorf, die Rheinebene, der Blauen.

The industrial area in »Märkt« is full of bold perspectives. Beyond the roofs of the firm Wampfler lie the village, the Rhine plateau and the Blauen mountain.

Perspectives audacieuses dans la zone industrielle de »Märkt«. Derrière les toits de l'entreprise Wampfler: le village, la plaine du Rhin, le Blauen.

Industrie

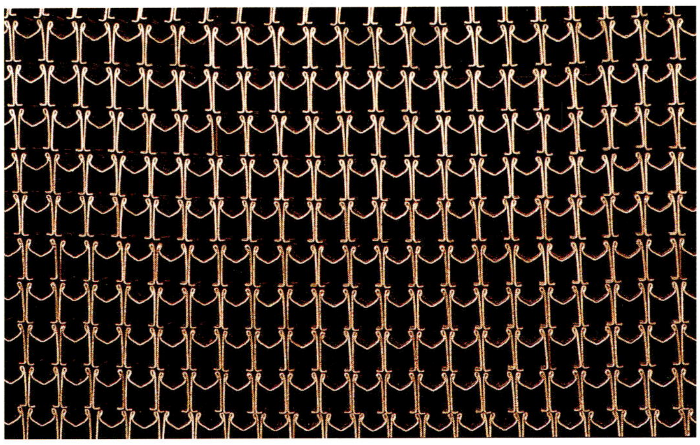

»Eine Ecke mit Zukunft« – so sehen die Wirtschaftsförderer der Region ihr Arbeitsfeld, das Dreiländereck. Und so falsch ist ihr Optimismus auf keinen Fall, denn nie standen die Weichen wirtschaftlicher Prosperität für den Südwesten der Bundesrepublik günstiger als im Augenblick. Aus der Randlage abseits der klassischen Industrie- und Wirtschaftsstandorte ist im Zeichen der neuen europäischen Wirtschaftsordnung ein Mittelpunkt geworden.

Dabei hatte es in Weil am Rhein alles andere als günstig ausgesehen, als in den siebziger Jahren die drei Friedlinger Großbetriebe »Schetty«, F. A. S. und »Schusterinsel« die Tore schließen mußten, die Epoche der Weiler Textilherrlichkeit (bis auf eine wichtige Ausnahme) zu Ende ging. Aber Weil am Rhein hat sich allen Unkenrufen zum Trotz wieder wirtschaftlich erholt, den Ausfall an Gewerbesteuer ausgeglichen und durch kluges taktisches Verhalten eine Reihe wichtiger Unternehmen ins Rheinvorland geholt.

Die Firma Raymond, die tausenderlei Kunststoffbefestigungsteile für die Autoindustrie herstellt, hat ein – mit dem Hugo-Häring-Preis ausgezeichnetes – Fabrikationsgebäude am Rhein errichtet, um so neben Lörrach ein zweites Standbein zu haben. Endress und Hauser, Spezialist für Elektronik aus Maulburg, baut ein Zweigwerk in der Nachbarschaft. Die Zahl der anderen, kleineren Betriebe, die um- und ausgesiedelt sind, ist groß und läßt hoffen, daß der langfristige Umbau der Weiler Industrie in Richtung Technologie und Branchenvielfalt glücken wird.

Daß Spezialisierung in Weil am Rhein schon immer gefragt war, beweisen die vier alteingesessenen Industriebetriebe, die vom Strukturwandel der 70er Jahre nicht, oder nur indirekt betroffen wurden: Die Gebrüder Bochmann GmbH in Haltingen, ein Textilbetrieb, die Lonza-Werke GmbH in Friedlingen, Vitra GmbH und Vitrashop, der renommierte Büromöbelhersteller und – last not least – die Wampfler GmbH in Märkt, ein Unternehmen, das mit »Energiezuführungen für ortsveränderliche Verbraucher« in der ganzen Welt gefragt ist.

Interessant ist, daß die Firma Bochmann, der letzte und jüngste der Weiler Textilbetriebe, zugleich deren ältester ist. 300 Jahre alt ist die Firma, die 1691 im sächsischen Lugau gegründet wurde. 1950 kam Bochmann nach Haltingen und überstand unbeschadet die Textilkrise. Ein Großbrand vernichtete 1979 fast alle Produktionsräume. Nach dem Wiederaufbau wurde Bochmann von KBC Lörrach übernommen und hat sich nun ganz der Färberei und Appretur verschrieben.

Die Lonza-Werke GmbH, ein international bedeutender Hersteller für technische Spezialfolien aus Kunststoff, wurde 1928 von der Basler Lonza als Versuchs- und Entwicklungsabteilung für Kunststoffe gegründet. Rasch hat sich das Versuchslabor zu einem eigenen Zweigwerk mit spezieller Produktion entwickelt.

»Die Einrichtung von Wohnungen, Büros, Schulen usw. ist keine dekorative Nebensächlichkeit. Ihre Ausstrahlung beeinflußt unser Denken und Fühlen« – so lautet das Credo der Vitra-Gruppe, genauer: von Rolf Fehlbaum, dem findigen Kopf des Möbelbereichs. Gutes, stilvolles Design bei Stühlen, Büromöbeln und Ladeneinrichtungen zeichnet also die Produkte der Vitra aus. Kompromißlose Modernität und Fingerspitzengefühl für einen sensiblen Markt garantieren dem 1950 nach Weil gekommenen Unternehmen Erfolg und Anerkennung.

In Lörrach begann im Jahr 1959 Manfred Wampfler mit der Entwicklung von Puffern und flexiblen Stromzuführungen. Bald wurde es in den gemieteten Räumen zu eng. Wampfler fand in Märkt einen günstigen Standort und bezog 1963 die erste Produktionshalle. Was so klein begonnen hatte, wurde in kürzester Zeit ein ständig expandierender Industriebetrieb, der heute Geschäftsverbindungen in die ganze Welt pflegt.

Weil am Rhein, eine Ecke mit Zukunft? – Natürlich. Und ohne jeden Zweifel.

Ein international bedeutender Hersteller für technische Spezialfolien aus Kunststoffen ist die LONZA-Folien GmbH in Weil am Rhein. Das Unternehmen ist seit über 60 Jahren in der Stadt ansässig und produziert mit rund 300 Mitarbeitern Folien für einen weltweiten Kundenkreis.

LONZA-Folien GmbH in Weil am Rhein is an internationally reknowned manufacturer of special technical plastic foil. The firm has been resident in the town for over 60 years and with around 300 employees it produces foil for customers all over the world.

A Weil am Rhein il y a un fabriquant de feuilles de plastic spécialement adaptées aux besoins techniques: l'entreprise LONZA GmbH. Cette entreprise est installée depuis plus de 60 ans dans la ville et avec ses 300 employés elle produit des feuilles de plastic pour une clientèle venue du monde entier.

Der älteste Textilbetrieb in Weil am Rhein ist gleichzeitig der jüngste, die Gebrüder Bochmann GmbH. Das Fertigungsprogramm umfaßt die Färbung und Veredelung hochmodischer Qualitätsstoffe für Damen-, Herren- und Kinderoberbekleidung. Es werden monatlich 1500 km Stoffe mit einer Belegschaft von 200 Personen veredelt. Bochmann ist seit 1980 ein Tochterunternehmen von KBC Lörrach.

Bochmann Brothers GmbH, the oldest textile firm in Weil am Rhein is also the youngest. Their production programme includes colouring and refining fashionable quality materials for ladies, mens and childrens wear. 1500 km of material are refined each month with a workforce of 200. Bochmann has been a subsidiary of KBC Lörrach since 1980.

La plus vieille entreprise textile de Weil am Rhein est aussi la plus jeune: Bochmann GmbH et frères. Le programme de production inclut la coloration et le finissage de tissus très à la mode et de qualité pour la fabrication de vêtements pour hommes, femmes et enfants. Un personnel de 200 personnes y apprête 1500 km. de tissu par mois. Depuis 1890 Bochmann est une filiale de KBC Lörrach.

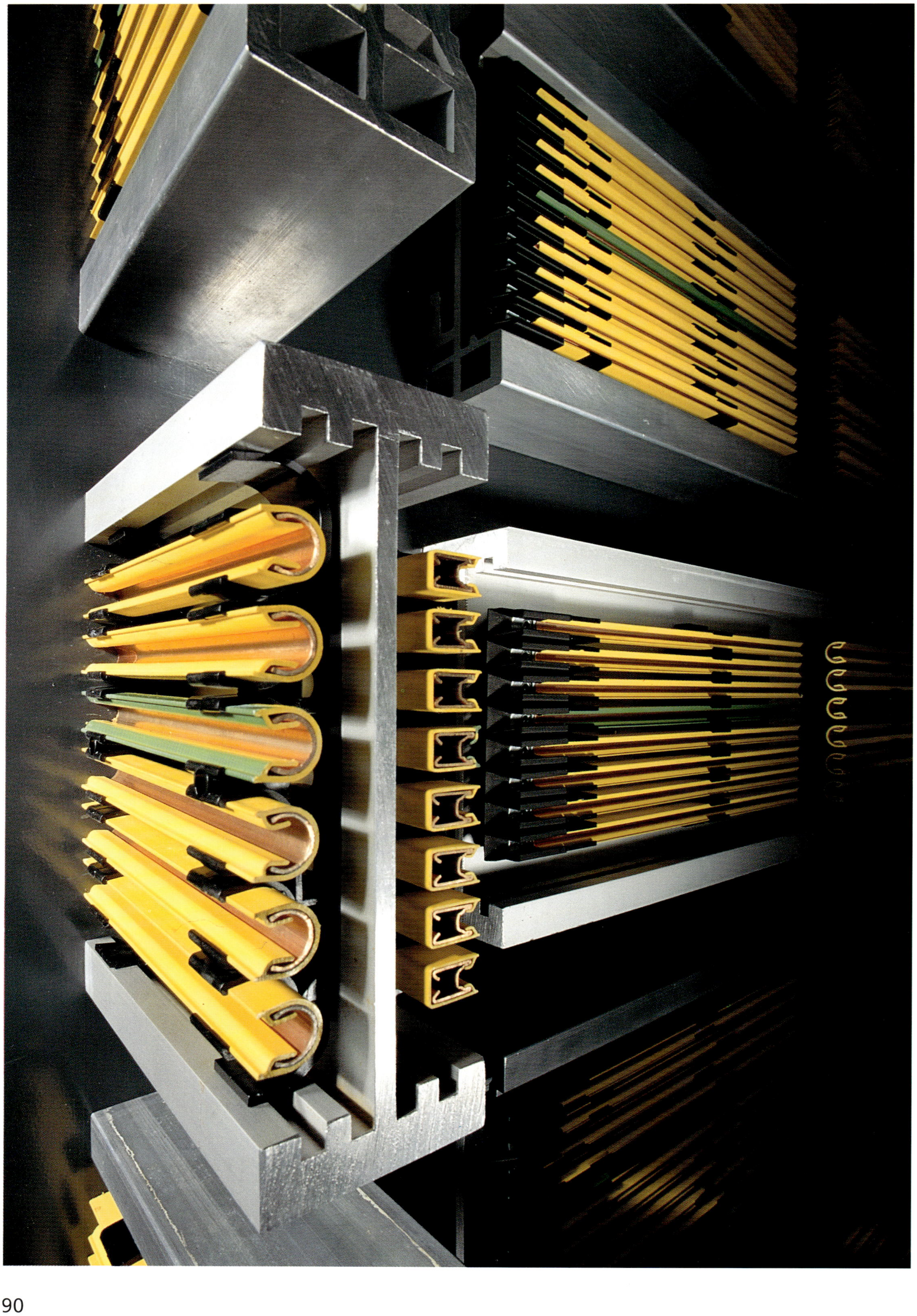

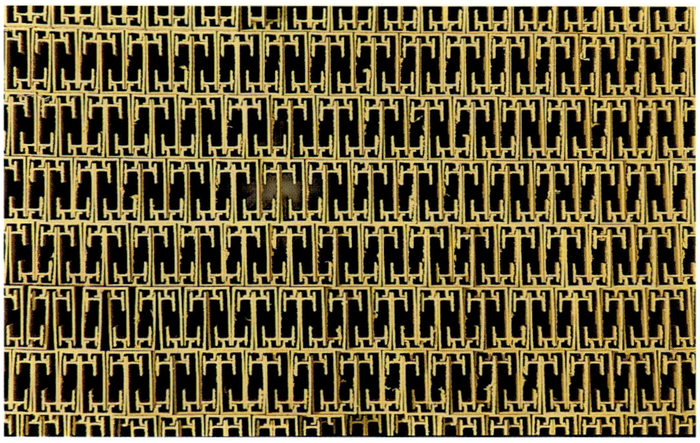

Die Firma Wampfler, die seit 1963 in Märkt produziert, zählt zu den weltweit größten Herstellern von »Energiezuführungen für ortsveränderliche Verbraucher« wie Kräne, Hängebahnen und anderes. Beweglichkeit und schnelles Reagieren auf neue Aufgabenstellungen zeichnen den Betrieb aus, der Geschäftsverbindungen in die ganze Welt hat.

Wampfler, who have been producing in »Märkt« since 1963, are among the largest manufacturers of »energy suppliers to mobile consumers« in the world. Their products include cranes, production rails etc. The firm, which has connections all over the world, has a reputation for mobility and quick reactions to new types of problems.

Les établissements Wampfler, qui depuis 1963 sont installés dans le »Märkt« comptent au niveau mondial parmi les plus grands »producteurs d'énergie pour consommateurs mobiles«, comme les grues, les convoyeurs aériens et autres. Mobilité et adaptation rapide à de nouvelles tâches sont les qualités de cette entreprise qui entretient des relations commerciales dans le monde entier.

Gutes Design bei Stühlen, Möbeln und Einrichtungen zeichnet die Produktion der Vitra Gruppe aus. Man produziert bewußt »anspruchsvolle Einrichtungssysteme« und nutzt den Trend zu ganzheitlicher Gestaltung und optimaler Ausstattung am Arbeitsplatz. Die Möbelsammlung der Vitra – bis heute etwa 1200 wichtige Objekte des internationalen Möbel-Designs – sie steht für die wichtige Suche nach Kompetenz und Gültigkeit der eigenen Herstellungsreihen.

The Vitra group produces well designed chairs, furniture and fittings. They pride themselves on producing »superiour furnishings« and satisfy the trend of integral lay-out and optimal equipment in the office. Vitra's furniture collection today amounts to around 1200 significant objects of international furniture design. It represents the search for competence and recognition for their own products.

Un bon design pour les chaises, les meubles et les aménagements intérieurs, telle est la qualité distinguant la production du groupe Vitra. On y produit en connaissance de cause des systèmes d'aménagement intérieur de haute gamme et on met à profit la tendance actuelle visant à l'organisation globale et optimale du lieu de travail. La collection de meubles de Vitra – soit jusqu'à aujourd'hui environ 1200 pièces importantes classées au niveau international du design en matière de mobilier – est le fruit d'une recherche importante de compétence et de valeur dans les procédés de fabrication.

Das Jahr am Rebberg

Der Wein ist in Weil am Rhein das Bindeglied, der gemeinsame Nenner über alle Unterschiede hinweg. Der Wein und alles, was damit zusammenhängt. Denn die Rebe begnügt sich nicht damit, einfach nur da zu sein, frischgrün und rankend. Sie formt Landschaften, drückt deren Kulturen einen fein ziselierten Stempel auf – stiftet hellen Geist und dionysische Lebenslust.

Hat Friedrich Nietzsche vom Weiler, Haltinger, Ötlinger genossen, solange er in Basel nah beim Spalentor logierte? Gar nicht so abwegig diese Vorstellung. Auch wenn uns Nietzsche eher einen Dionysos der Willenskraft vor Augen stellt, den im Lebensrausch sich verbrennenden Menschen, denn einen leisen Markgräfler, der das Jahr, die nachklingende Harmonielehre des jungen Riesling-Sylvaners auf der Zunge schmeckt.

Nichts ist so sehr da in Weil am Rhein wie der Wein. Durch alle Zeiten, alle Schichten hindurch. Vielleicht ist er sogar das, was wir immer wieder suchen in dieser Stadt und nie ganz und gar einlösen können: die geheime Identität, das Herz der Stadt.

Gefragt, was man denn beschreiben würde, sollte man mit wenigen Worten das Lebensgefühl dieser Stadt benennen, man müßte einen Sommerabend an einem offenen Gaststubenfenster, in einem Wirtsgarten unter Kastanienbäumen schildern. Man müßte die Stille fühlbar werden lassen, das leise Zechen unter Schwalbenluft und blau dunkelnder, burgundischer Weite. Und es ist schön, wie in dieser Vorstellung die Stadt von ihren ländlich historischen Rändern her deutlich wird. Wie sie eingefaßt steht in der naturgegebenen Fassung. Ein bunter, modern turbulenter Kern in grüngoldener Schale.

Wir brauchen uns deshalb nicht zu wundern, daß das Markgräflerland und natürlich auch Weil am Rhein eine erstaunliche Dichte an hochkarätiger Gastronomie beherbergt. Die Bier- und Kartoffellandschaften kennen dergleichen nicht. Dort werden Hunger und Durst an blankgescheuerten Tischen gestillt. Dorthin wurde die feine Küche exportiert, die in den Weinregionen immer schon zu Hause war. Eine Bierschwemme mit dem dazugehörigen Publikum – unvorstellbar in dieser Stadt.

Dafür glänzen bei uns die Sterne am gastronomischen Himmel. Das heißt nicht, daß – etwa

Gruppenbild mit Dame. Weiler Koch-Künstler vereint.
A group portrait with a lady. The cooks of Weil together.
Groupe avec dame. Les meilleurs cuisiniers de Weil.

im renommierten »Adler« – nur der lukullischen Materialschlacht das Halali geblasen wird, dem Triumph der ausgesuchtesten Rarität. Wenn den Gast dieser Gastronomie etwas überzeugt, dann ist es die Stimmigkeit des Ganzen, die Ausgewogenheit der Nuancen bei, in der Regel, gar nicht so verwegener Komposition. Die Markgräfler Küche wahrt das Maß – zuweilen in Vollendung. Sie hält, was den äußeren Rahmen angeht, auch die Erinnerung an die Tatsache wach, daß Stil und Umgangsformen zu den schwer verzichtbaren Tugenden einer kultivierten Gesellschaft gehören – auch wenn das von vielen ewig jungen, schockbunten Youngstern aller Alter immer wieder bezweifelt wird.

Wir sind abgeschweift. – Dem Wein soll hier das Loblied gesungen werden. Er dürfte noch vor den Römern am Hangfuß des Tüllingers Wurzeln geschlagen haben. Ein Wildling, unbezähmt und rechtschaffen sauer. Haben ihm die Römer aus »villa« ein wenig die Leviten gelesen? Seinen Freiheitsdrang gestutzt? Sie waren wohl Süßeres gewohnt aus südlichen Breiten, Volumen und reiches Bukett.

Die Rebe wird 670 n. Chr. im Markgräflerland zum ersten Mal aktenkundig. Daß das in Haltingen geschah, macht uns stolz. »Heunisch« hat sie wohl geheißen und wurde in der von den Römern übernommenen »Kammerte« erzogen – die bestand aus Kreuzrahmen und Bögen, so daß das wohl eher kleine Rebstück wie mit einem Dach überzogen war.

Im hohen Mittelalter dürfen wir uns den Tüllinger Berg vielleicht schon als Rebberg vorstellen. Der Anbau in Terrassen hatte sich eingebürgert, immer häufiger wurden große Flächen gerodet, dehnten sich die Rebstücke erheblich aus.

Der eigentliche »Vater« des neuzeitlichen Weinbaus am Rheinknie ist freilich Markgraf Karl Friedrich (1746–1811). Er brachte von einer Reise nach Burgund und an den Genfer See die Gutedel-Rebe mit. Und nicht nur das: Der fortschrittliche Anbau in den damals bereits hochentwickelten Weinbaugebieten überzeugte ihn so, daß er auch am Oberrhein die Durchsetzung der geordneten Zeilenführung, das Entfernen der Obstbäume aus den Rebflächen und den sortenreinen Satz betrieb. Mit einem Wort: Qualitätsweinbau. Und daran hat sich bis in unsere Tage – freilich über manche Krisen und Rückschläge hinweg – fast nichts geändert. Der Gutedel hält nach wie vor die Spitzenposition. Im Anbau wie in der Gunst der Konsumenten. Er ist eben der »Markgräfler« schlechthin. Ob der Müller-Thurgau mit seinem feinen Muskat-Ton da Boden gutmachen kann? Bislang ist er in den Weiler, Haltinger, Ötlinger Reblagen weniger vertreten, und die Tendenz geht eindeutig zum trockenen, durchgegorenen Gutedel, dem frischen, süffigen Tischwein.

Der Blaue Spätburgunder hat dagegen keine Konkurrenz zu fürchten. Er reift am Weiler

Schlipf zu weicher, rubinroter Fülle, ohne deshalb allzu schwer zu werden. Schlankes, samtiges Format ohne jede Überspanntheit, wenn man so will. Und er ist unverwechselbar in seinem verhaltenen Feuer: kurzum, der »Weiler« schlechthin.

Der Wein also bestimmt das Jahr. Das mag überraschend klingen, da doch die Zahl der Haupterwerbswinzer stetig zurückgegangen ist. Der Wein ist so etwas wie ein geheimes Barometer für Gedeihen und Mißlingen. Das könnte ein Relikt aus vergangenen Zeiten sein, als tatsächlich noch das Wohl und Wehe der Bevölkerung von der unberechenbaren Gleichung: »Herbst oder nicht Herbst« abhing.

Wir nehmen ihn wahr in der Stadt. Aus den Augenwinkeln und wie einen beruhigenden Verwandten. Registrieren Schnitt, Blattaustrieb und Traubenreife. Schimpfen mit dem Bammert die frechen Vögel aus, wenn sie sich allzu freimütig selbst bedienen, und schicken unsere Kinder in den Herbst, wie wir selbst gegangen sind vor vielen Jahren. Denn dieser Herbst ist nicht wie alle anderen.

Aufbruch in den Herbst. Wer nur immer kann, hilft mit im Rebberg – schneidet, trägt und verkostet dann und wann ...

Harvest time in autumn. Everyone who can helps in the vineyards – cutting, carrying and now and then tasting ...

Début de l'automne. Tous ceux qui le peuvent aident dans les vignes, coupent, portent et goûtent de temps en temps.

Schwerarbeit am Tüllinger in den Herbsttagen. Und immer stellt sich die bange Frage: »Wie wird der neue Jahrgang sein?«

Hard work on the Tüllinger in autumn. And the same question is asked over and over again: »What will the new vintage be like?«

Dur travail sur le Mt. Tüllinger en automne. Et toujours la même question: »Est-ce que ce sera une bonne année?«

Ohne Wein
ist das

Hotel

Goldener Ochsen

Stumme Zeugen der Vergangenheit

Eine junge Stadt hat keine Altertümer. Sollte man meinen. Nicht so Weil am Rhein. Denn auch hier – auf dem weiten Feld der Kunst- und Kulturgeschichte – läßt sich unsere Stadt nicht in die gängigen Raster einpassen. Weil am Rhein besitzt eine erstaunliche Fülle historischer Zeugnisse seiner 1200jährigen regionalen Geschichte.

Wer sich nun tatsächlich einmal der lustvollen Mühe unterzieht und Punkt für Punkt die historisch bedeutsamen Orte der Stadt besucht, muß zu dem Schluß kommen, daß in Weil am Rhein zwar die Wachstumsschichten des Barock und Klassizismus so gut wie fehlen, dafür aber aus dem späten Mittelalter und der Renaissance wertvolle Bauwerke erhalten sind, die uns davon erzählen, daß das Rheinknie einst zu den bedeutendsten Mittelalter-Landschaften gehörte.

Der Magnet Basel und seine Ausstrahlung – einmal mehr. Ein kurzer Besuch des Basler Stadt- und Münstermuseums im alten Kloster Klingental (dessen Nonnen dem heutigen Weiler »Nonnenholz« den Namen gaben) rückt sofort die

Maßstäbe zurecht: Das Stadtmodell, das Basel im 17. Jahrhundert zeigt, vermittelt ein Bild von großbürgerlich opulentem Stadtleben und engster Verzahnung von Klerus und Handelsmacht. Kirchen, Klöster, Bürgerhäuser, Gassen, Straßen, städtische Geschlossenheit, Selbstbewußtsein. Darüber hinaus läßt das pittoresk verdichtete Häusergewirr (an dessen Randzonen wir uns gut die Dörfer Weil, Haltingen, Ötlingen und Märkt dazudenken können) ahnen, daß in diesen Räumen, auf diesen winkligen Plätzen und Innenhöfen lebhaft disputiert, verhandelt, gelebt wurde.

Das konnte für die ländliche Nachbarschaft nicht ohne Folgen bleiben. Und so war der Raum Weil schon früh großstädtisch beeinflußt,

Die evangelische Pfarrkirche von Weil am Rhein stammt aus dem Jahr 1791 und wurde 1978 grundlegend renoviert.

The Protestant parish church of Weil am Rhein dates from 1791 and was thoroughly renovated in 1978.

L'église évangélique réformée de Weil am Rhein date de l'année 1791 et a été entièrement rénovée en 1978.

allerdings mehr in kultureller denn in wirtschaftlich-sachbezogener Hinsicht. Kleine Zeichen finden sich, wo man nur hinschaut: Hauszeichen, gotische Fensterlaibungen, Torbogen, schlicht und dennoch kunstvoll gefaßte Türeingänge. Unser heutiges Alt-Weil ist der sprechende Beweis dafür, wie sehr dieses einstmalige Dorf vom und mit dem Basler Bürgerstolz lebte. Das vertreibt leichthin jede muffige, provinziell verkniffene Enge. Staffelhaus, Domhof, Bläserhof – nur die Modernisierung des letzteren verschleiert ein wenig die gewichtige Kraft des Ensembles, die von der Selbstgewißheit dieser herrschaftlichen Hofstellen ausgeht. Natürlich hat das 20. Jahrhundert, das eruptive Wachsen der Stadt in ganz andere Dimensionen hinein, diese historische Substanz eher an den Rand gedrängt. An ihrem bleibenden Wert hat das nichts geändert. In Ötlingen, oben auf dem Berg, sind die Eingriffe der Moderne zurückhaltender ausgefallen.

Eine Glucke mit ihren Küken. So zeigt sich das Bild, wenn man von oben vom Wald herab kommt. Der Kirchturm ist dicht umringt von einer vielfach gebrochenen Dachlandschaft. Eingebettet in Obst und Reben. Das alte Bild des Lebens in der vorindustriellen Zeit. Ein Musterdorf – und doch auch wieder nicht. Denn ist da nicht auch ein Unterton von städtischer Orientierung spürbar? Ein leises Nacheifern der so ganz anderen Homogenität weit unten am Horizont, wo mittags der Rhein im Sonnenlicht blitzt? Basel war ja schon damals in Sichtweite.

Betritt man das Dorf, tritt die Illusion des Städtischen in den Hintergrund, öffnen sich die vertrauten landwirtschaftlichen Arbeitsbereiche, Höfe, eng oder luftig, verliert sich sofort die Wahrnehmung eines übergeordneten Ganzen. Jetzt rückt der Rang der Einzelgebäude in den Vordergrund. Die wertvolle und mustergültig erhaltene Substanz der Ötlinger Bebauung.

Beinahe jedes Haus hat hier seine eigene Geschichte: Vogtshaus und Zehntscheuer bilden ein Schwerpunkt-Ensemble. Das Gerwighaus war einst der Meierhof des Klosters St. Klara in Basel. Das berühmte Koger-Haus mit seinem bildschönen Fachwerk gehörte der Familie Koger, die mehrere Vögte und Bürgermeister im Markgräflerland stellte. Das Kloster Ottmarsheim im Elsaß besaß zwei Höfe in Ötlingen. – Einige wenige Beispiele dafür, wie eng verwachsen die Region schon immer war.

Daß im Zentrum dieses Geflechtes die Kirchen stehen, ist beinahe selbstverständlich. War doch die Ordnung der Gesellschaften in den vorindustriellen Jahrhunderten eine fast ausschließlich kirchliche. Und das sind keine einfachen Dorfkirchen in Ötlingen, Märkt und Haltingen. (Die Alt-Weiler Kirche, ein Saalbau mit barocken Anklängen, stammt aus dem 18. Jahrhundert und gehört deshalb nicht in diese Reihe.) Bei der Renovierung Anfang der achtziger Jahre tauchten in der Ötlinger St.-Gallus-Kirche Fresken zum Leben des heiligen Gallus auf. Kunsthistorisch

bedeutende Malerei, die unter verschiedenen Putz- und Farbschichten verborgen gewesen war. Schwer vorstellbar, daß eine arme, gottverlassene Gegend Kunst von solchem Wert und in solchem Ausmaß veranlaßt hätte. Auch hier wird ganz unmittelbar Basler Kunsteinfluß merkbar. Kultur und Ausstrahlungskraft von überregionaler Bedeutung.

Märkt darf bei dieser Stippvisite zur Kunstgeschichte der Stadt Weil am Rhein nicht vergessen werden, denn auch der Chorraum der Märkter Kirche weist Fresken auf, die man in der von außen schlichten Dorfkirche kaum vermuten würde. Leider wurde die Kirche im Krieg erheblich beschädigt, so daß nur noch Fragmente einstiger Schönheit zu bestaunen sind. Wichtigster Punkt dabei: der für Markgräfler Kirchen typische Sakramentsschrein mit seinen zwei aus Sandstein gehauenen Engelsfiguren. Plastische Arbeiten von höchster Qualität und Aussagekraft.

Eine Liebe in Briefen – Johann Peter Hebel

Ein roter Faden zieht sich durch Johann Peter Hebels Korrespondenz der frühen Karlsruher Jahre. Ein Stück wertvolle Erinnerung, sorgsam gehütet in der Brieftasche. Eine Art Bindfaden zurück ins Oberland, ins Weiler Pfarrhaus, in den Domhof. Dort hatte der 31jährige frischgebackene Subdiakon seine junge Freundin Gustave Fecht zurückgelassen und mit ihr weit mehr: die Landschaft, den Frühling einer armen, seligen, nunmehr endgültig beendeten Jugendzeit.

»Ich hab eine freundliche Bitte an Sie. Schicken Sie mir doch gelegentlich einen Knäulein weißen Faden. Das Knäulein, das mir einmal Ihre Frau Mama geschenkt hatte, hat gehalten bis vor einigen Monaten. Freilich hatte ich daneben noch einigen Vorrat von einzelnen Fäden, die ich Ihnen und der Jgfr. Wagnerin gemaust hatte. Den letzten Rest, den ich in der Brieftasche auf meiner Württemberger Reise bei mir hatte, hab ich unterwegs verloren. Ich hätt lieber das Mundstücklein von der Tabakspfeife hergegeben. So ein schöner roter Seidenfaden war dabei, den ich mit einer Schneiderschaft im Brettspiel verdient hatte. Es hat freilich, glaub ich, etwas bedeutet.«

Ist das eine Liebesgeschichte? – Wie soll man sich das denken?

Die Chronik verzeichnet über Johann Peter Hebels Lebensweg 1788 erste Kontakte zu Gustave Fecht, die mit der Mutter zu Schwester und Schwager Günttert zieht. Da ist Hebel noch Präzeptoriatsvikar am Lörracher Progymnasium, unterrichtet Latein, Griechisch, Geometrie, Erdkunde, Deutsch, Religion und zählt beiläufig die 112 Gulden Gehalt, mit denen sich einsame Spaziergänge in Arlesheim finanzieren lassen bei sparsamer Lebensführung.

Als Prorektor Günttert – samt Frau, Schwiegermutter und Schwägerin – im Weiler Pfarrhaus Einzug hält, ist Hebel dabei, sitzt mit am Tisch, trinkt maßvoll, beteiligt sich an den Scharaden und Brettspielen, lobt den Frühling, den Herbst, und »maust Bindfäden«. Günttert war sein Vorgesetzter und wurde ein väterlicher Freund. Kein Drandenken an eine einfache Lösung.

»Allerwerteste Jungfer Gustave, so nenn ich Sie jetzt, – soviel ich mich erinnern kann, ists das erste Mal wieder, seit ich einst an einem Sonntag nachts in Herrn Prorektors Haus beim Blindmausspiel war und mit Schneeballen gerieben wurde und den andern Tag etwas hörte, was ich niemand sage.«

Das sagt die Erinnerung, der erste Brief an Gustave Fecht, der von Karlsruhe mit der Post nach Weil fliegt. Manchmal sind Briefe mutiger als die Wirklichkeit. Dem ersten Brief folgten viele. Zunächst in rascher Folge, dann in größeren Zeitabständen zu den Höflichkeitsanlässen der Jahre. Ein Neujahrsbrief muß sein. Im Alter bekommen die Weiler Schwestern Günttert und Fecht gemeinsam Krankengeschichten zu lesen. Die Lamentationen des Älterwerdens. »Es kann halt einmal ein Wassersüchtlein werden.« Da hatte Hebel die »Jungfer Gustave« schon zwölf Jahre lang nicht mehr gesehen. Die Gelehrten streiten sich, warum Hebel nicht später, als er zu Rang und Namen gekommen war und nicht mehr jeden Heller umdrehen mußte, keine feste Bindung einging, zumal Gustave all die Jahre ledig blieb. – Aber hat sie auf ihn gewartet?

»Sie meinen, ich lasse mir Karlsruhe nicht mehr abkaufen. Was kann ich dafür, daß mir niemand etwas Besseres drum bietet. Umsonst gibt man doch auch nicht wieder her, was man einmal hat. 's lieb Liesel hat mich ja auch nicht umsonst aus der Hand gelassen, bis es etwas Beßres hatte. Daß es mir in Karlsruhe jetzt besser behagt als anfänglich, ist wohl wahr und sehr natürlich. Aber ob es mir je so lieb werden kann, als das Oberland noch ist, obgleich ein andrer ›So herzig wie mein Liesel usw.‹ singt, das ist eine andre Frage … Doch es ist Zeit, dem Geschwätz ein Ende zu machen, eh das Sauerampfergesicht kommt. Leben Sie wohl, süße Jungfer Sauerampfer –«.

Zwei schwierige Liebende, die sich in ihrem Leben (nach der Trennung 1791) vielleicht fünfmal bei Hebels kurzen Besuchen in Weil wiedergesehen haben. Da war nichts mehr von Blindmausspiel und Schneeballen reiben, kam ein von Jahr zu Jahr städtischer gewordener Hebel ins dörfliche Haus, sah der Jungfer Gustave in die Augen, auf die Hände, und sagte nichts. Schrieb vielmehr in blumigsten Wendungen, schrieb sich zurück in die Vergangenheit, bewahrte Bindfäden, Zuckerdosen und Trockenblumen, bis sie am Ende aussahen wie »alte, ehrwürdige Regimentsfahnen, wenn nur noch einige seidene verbleichte Fäden an den Stöcken herabhängen«. Hebels Versuche, von Karlsruhe wegzukommen, zurückzukehren ins Oberland, mißglücken alle. Aber hat er sie auch tatsächlich mit dem nötigen Nachdruck betrieben? Die Pfarrstelle in Grenzach, das Freiburger Angebot ernsthaft in Erwägung gezogen? Allenfalls Grenzach.

Und warum sollte er auch dorthin zurückkehren, wo er im Geiste ohnehin jeden Tag war?

»Beste Jungfer Gustave, da bin ich auch wieder – durch die Stettemer Matten herab, am Batzenhäuslein rechtsum, husch, über den Wiesensteg, Rebberg auf, Rebberg ab – da bin ich! Ich sei schon lange nicht mehr dagewesen, meinen Sie? Recht oft komme ich, fast alle Tage, aber Sie könnens nicht sehen.«

Gustave Fecht

Die Welt als Vorstellung kennt weder Raum noch Tag, entzieht sich geschickt und um den winzigen Preis der irdischen Bestätigung der unnachgiebigen Vergänglichkeit. Der hat er sich wohl nicht beugen wollen.

»Aber sonderbar, liebste Jungfer Gustave, ich will an Sie schreiben und schreib an den lieben Herrgott, der doch meinen Brief schon auswendig kann, eh ich ihn schreibe, und dem ich nicht zu sagen brauche, wo Rheinfels liegt.«

Man kann nicht mit Bestimmtheit sagen, ob das Hebelsche Verfahren, so mit der Wirklichkeit einer als heimliche Liebe begonnenen Freundschaft umzugehen, der Jungfer Gustave im Weiler Pfarrhaus geholfen hat – beim Spinnen, Hanfbrechen, beim Nachdenken über Karlsruhe in eine immer dünnfädiger werdende Erinnerung hinein. Nach den ersten Jahren des Wartens hat sie das Spiel mitgespielt, sich selbst versteckt hinter dem knisternden Papier, der kritzligen Feder, hat Briefe geöffnet und gelesen, in denen zwischen Wort und Zeilenbruch ein wenig am roten Faden gezupft wurde – da war der längst auf einer Württemberger Reise verlorengegangen.

»Jetzt wünsche ich nur wieder eine Stunde bei Ihnen zu sein, nur alle Tag eine Stunde, vormittags eine und nachmittags eine … Mein Gemüt ist Ihnen nie näher, als wenn ich weit von Ihnen bin, und ich habe immer mit Ihnen etwas zu plaudern, bis ich einmal hinaufkomme, alsdann hab ich nichts …«

Eine Liebe in Briefen also. Von Weil nach Karlsruhe und zurück. Ein langes Leben lang. Eine wahrhaft platonische Erfahrung.

Vom Sockel genommen: Johann Peter Hebel im Keller der Leopoldschule.

Johann Peter Hebel, removed from his pedestal, in the cellar of the Leopold school.

Descendu de son piédestal: Johann Peter Hebel, statue placée dans la cave de l'école Leopold.

Design

Dieser Bau hat gerade noch gefehlt. Dachten manche in Weil am Rhein. Möchte man meinen. Und hätte damit sogar recht. Diese Verschachtelung des Zusammenhanglosen. Aufgetürmter Unsinn. Und das in einer Landschaft, wo sich alles mild und ausgeglichen gibt. Ein unvermittelt im badischen Markgräflerland gestrandeter kalifornischer Eisbruch. Eisweiß im strahlenden Sonnenlicht. Der Fremdkörper als Baukörper. Das i-Tüpfelchen für eine Stadt, in der – auf einer anderen Ebene freilich – das Verschiedenartige, Gegensätzliche, geradezu Methode hat.

Aber Achtung. Das 1989 eröffnete Design Museum des kalifornischen Architekten Frank Gehry ist ein Unikat. Ein Bauwerk von solch solitärem Rang, daß der Ort, an dem es errichtet wurde, zurücktritt. Zurücktreten sollte. So wie ein Bild nur noch sich selbst gehört, ist erst der letzte Pinselstrich getan.

Bilder einer Annäherung. Eine sich fast täglich wiederholende Sequenz. Eine feine Gesellschaft umstaunt gemessenen Schrittes den Bau. Fotografiert, studiert, erläutert mit fließenden Handbewegungen den Formverlauf. Paare, Passanten. Staubmantel, Pagenschnitt und subtil frecher Schlitz im Kleid. Die große weite Welt betritt die Bühne dieser ehemaligen Weiler Kirschmatten, wird Teil einer Inszenierung, die nicht für dieses Theater entworfen scheint. Und dennoch hier stattfindet. Weil am Rhein, Römerstraße. Tag für Tag.

Dekonstruktivismus heißt das Schlagwort. Und wie alle Schlagworte trifft es nur den geringsten Teil der Sache selbst. Denn es suggeriert Negatives: Zerlegung, Zerstörung. Wer Frank Gehrys Design Museum als einen im Zerfallen begriffenen, regulären Kubus begreift, übersieht dabei, daß die zunächst chaotisch anmutende Dachlandschaft dieses Gebäudes klar geordnet ist. Organische Formen tauchen dabei ebenso auf wie – eine subjektive Empfindung – Strukturelemente von kristallinem Wachstum. So könnte Quarz gewachsen sein, so vielseitig kompakt. Die Zitate der anderen beiden Architektur-Unikate unserer weiteren Region: Ronchamp und Dornach, sind unübersehbar. Beides Beispiele für eigenwilliges, sich einem quasi natürlichen Wachstum ausliefferndes Bauen.

Im Innern des Museums überrascht die ruhige Dominanz von Horizontal und Vertikal. Insgeheim hatte man erwartet, ein in sich stürzendes Gebäude zu betreten. Aber rasch wird deutlich, daß all der komplizierte konstruktive Aufwand einzig und allein dem Licht gilt. Schächte, Schlitze, Brechungen, Kanten, weiche Schatten, nein, schattenlose Flächenschichtungen: Ein Gedankeninnenraum, weiß in weiß, wie erst noch zu beschriften. So mag es im Innern eines Gletscherbruchs aussehen. Der harte Tag wie ausgeblendet. Schmaler, weißer Himmel, Leere über wenigen, metertiefen Spaltenbrüchen. Ein weit gespannter Deckenbogen, klare, durch keinerlei Fassungsversuche verniedlichte Mauerdurchbrüche. Durchblicke, Tiefblicke, Nischen, Höhlen. Und nichts von der Turbulenz, von der schwingenden Plastizität der Außenhaut.

Im Gegenteil. Äußerste architektonische Ruhe, Ausgewogenheit, ja, beinah asketische Kargheit, Schweigen. Ein Raum, wie geschaffen für die Kunst. Ein Gefäß, das gefüllt werden will.

Zwischen allen Stühlen (die im Lauf der vergangenen 150 Jahre Furore machten) findet sich der Museumsbesucher. Und kann sich doch nicht setzen, wie er will. »Don't touch« – verständlicherweise. Bekannte Gesichter, gemischte Gefühle. Ein Hauch von Verwohntheit allenthalben. Kontraste, ausgesessenes Leder, Leinen. Gute Geschichten, schlechte Geschichten im Hinterkopf: War das nicht einer dieser weichen Freischwinger, auf dem wir seinerzeit durchs Examen gesegelt sind –?

Über 1200 Möbelstücke umfaßt die Sammlung der Vitra, die davon ausgegangen war, die »eigenen Wurzeln« als Möbelhersteller zu suchen. So dokumentiert das Design Museum die Entwicklung der modernen Stuhlherstellung von 1850 bis heute. Schwerpunkt dabei: das Werk von Charles und Ray Eames, deren Nachlaß zu weiten Teilen in Weil am Rhein ist. Mit dabei sind aber auch die wesentlichen Klassiker des modernen Möbeldesigns wie Thonet, Mies van der Rohe, Alvar Aalto und Le Corbusier. Avantgardistisches, Verspieltes öffnet sich für die Zukunft.

Ein verhalten und unaufdringlich präsentiertes pädagogisches Konzept steht im Hintergrund. Gutes, zeitlos geglücktes Design soll den Betrachter wach machen dafür, daß es nicht gleichgültig ist, was er zum Besitzen besitzt.

Ein Haus aus Licht. So scheint das Design Museum den Besucher zu empfangen. Von fern klingt die Aura sakraler Räume an. Schwingendes, weißes Schweigen.

The Design Museum appears to the visitor to be made out of light. The aura of the sacred rooms is reminiscent of distant times. Oscillating white silence.

Une demeure de lumière. C'est l'impression qu'a le visiteur en arrivant au musée du design. De loin cela évoque l'atmosphère des salles sacrées. Un silence vibrant et blanc.

Tanz
gegen die Schwerkraft

Balancing tools« – balancierende Werkzeuge – heißt eine Großplastik von Claes Oldenburg, die 1984 auf dem Vitra-Gelände an der Römerstraße aufgestellt wurde. Ein Hammer, ein Schraubenzieher, eine geöffnete Zange. Ein Schwebezustand, ein Tanz gegen die Schwerkraft. Eine sinnfällige, bei aller Größe der Plastik spielerisch leichte Umsetzung des scheinbar Unmöglichen.

Das könnte ein Bild sein – auch für die Kulturarbeit in einer Stadt wie Weil am Rhein: Als Landstadt inmitten der großstädtisch verdichteten, engeren Region, ein eigenes, aber dennoch nicht muffig provinzielles Profil bewahren, den Ansprüchen der Tradition wie der Avantgarde gerecht zu werden, ohne den Bogen zu überspannen – das ist keine kleine Aufgabe.

Viele verschiedene Wünsche und Zielvorstellungen gilt es zufriedenzustellen. Das traditionelle Vereinsleben will genauso zu seinem Recht kommen wie der Liebhaber moderner Kunst; der Jazzfan wie das Flötenkind im zweiten Schuljahr. Und bei all der Buntheit der Aufgaben darf nicht vergessen werden, daß der große Nachbar mit seinem überregionalen Kulturangebot ohnehin im Bereich der etablierten Kunst- und Musikpflege die Nase vorn hat. Hier Konkurrenz zu machen, wäre reiner Unsinn.

Weil am Rhein entkommt dieser Zwickmühle der tausend Ansprüche seit einigen Jahren auf faszinierend eigenwillige Weise. Kultur: Hausgemacht, aber nicht hausbacken – so könnte man das bezeichnen. Daß Qualität dabei immer vor Quantität geht, das hat sich bewährt. Und daß vor kühnen Experimenten – in der Neuen Musik, der Bildenden Kunst – nicht zurückgeschreckt wird, sondern im Gegenteil, Maßstäbe setzende Produktionen in Weil am Rhein zu sehen und zu hören sind, das hebt die Kultur dieser Stadt aus dem graugrauen Einerlei der landläufigen Provinzkonzepte wohltuend heraus.

Natürlich haben wir in dieser Stadt auch die bewährten Elemente der Vereinskultur. Stimmige Chöre, Gesangvereine, Musikensembles bis hin zum Sinfonieorchester. Eine badische Landstadt ohne Männergesang – wer könnte sich das schon vorstellen? Daß in Weil am Rhein die »Eisenbahner« ihre eigenen Konzepte der kulturellen Lebensgestaltung anbieten, das ist dagegen schon eine Weiler Spezialität. Hier tritt die

Genossenschaftsidee der Eisenbahnersiedlungen noch einmal auf den Plan: Musik und Bildung – auch dieses weite Feld sollte im Siedlungsleben nicht unbeackert bleiben, und bis heute funktionieren einige dieser am Anfang des Jahrhunderts gegründeten Vereine noch immer.

Den Galerien und dem rührigen Kunstverein und der Stadt verdanken wir die Stippvisiten in die Welt der Maler und Zeichner. Und auch hier gilt, daß das Traditionelle, die brave Landschaftsmalerei, die Kunst der Idyllen mehr und mehr zugunsten der geistig abstrakten Auseinandersetzung in den Hintergrund tritt.

Wir sollten die Museen nicht vergessen, in denen sich Gegenwart und Vergangenheit, Tradition und Avantgarde immer wieder ergänzend begegnen. In Weil am Rhein markieren das Heimatmuseum und das Design Museum zwei Eckpunkte, verdeutlichen gleichsam die maximale Spannbreite, den Raum der Möglichkeiten.

Hermann Daur, ausrastend auf einem Indoor-Outdoor Chair von Charles Eames, neue Bildideen bedenkend, ein Auge kritisch zugekniffen – das wäre die Summe. Eine spezifische Weiler Summe: die leichtfüßige Balance des scheinbar Unmöglichen.

Adolf Müller-Müller
Hallingen

Die Museen der Stadt Weil am Rhein sind mit großer Sorgfalt und Liebe zum Detail eingerichtet.

The museums of the town of Weil am Rhein have been fitted out down to the last detail with great care.

Les musées de la ville de Weil am Rhein out installé avec grand soin et avec un grand amour du détail.

Brauchtum

Lustig ist die Fasenacht ...« heißt es in einem bekannten Kinderreim. Das läßt uns aufhorchen. Denn lustig ist das, was alljährlich als alemannische Fasnacht in den Straßen und Hallen der Stadt Weil am Rhein gefeiert wird, am allerwenigsten. Das heißt nicht, daß da unter Larve und Häs – gar bei den Zunftabenden – nicht gelacht werden darf. Der Kern ist ein anderer, ein schwer zu fassender. Und er will so ernst genommen sein, daß diese »Fasenacht« zwar in der Regel lustvoll, aber nie lustig ist. Ein Stück uralter Dämonie – vielleicht ist es das. Ein vorchristlicher Naturzauber von Hexen und Hexerei. Der Bann des Bösen in der Maske des Bösen. Aber das bleibt alles unausgesprochen und im Hintergrund.

Ein buntes Treiben zieht Jahr für Jahr an den Tagen der »Wiiler Buurefasnacht« durch die Hauptstraße. Ein farbenfrohes Feld von tausenden von Hästrägern aus dem ganzen alemannischen Raum. Nur da und dort schert einer der Fasnächtler aus, verteilt Guzzi an die Kinder, wirft Konfetti in die Zuschauerreihen.

Man kann die alemannische, die Weiler Fasnacht nicht vergleichen mit dem fasnächtlichen Brauchtum anderswo. Die überbordende, von Alkohol und Schunkellust beflügelte Massenbelustigung hat hier keinen Platz. Hier versinkt nicht eine ganze Stadt für ein paar Tage in Suff und Seligkeit, um dröhnend benebelt den Alltag zu vergessen. Ist der Zug beendet, werden die Straßen gefegt, die Kinder an die Hand genommen und nach Hause geführt.

Der Narr ist eine eigene, eigengesetzliche Figur. Er will mit dem Jux-Bruder, dem dummen August, nicht in eins gemischt werden. Der Narr sagt die Wahrheit – oder was er dafür hält. Er darf die Schranken der Konvention überspringen, einen Abend, eine Fasnacht lang. Wer weiß, ob nicht die spitze Zunge der Zunftmeister die eine oder andere Weiler Entscheidung insgeheim beeinflußt hat. Im Stillen und lange bevor sie spruchreif geworden wäre. Denn es ist nicht lustig, von den Narren die Wahrheit gesagt zu bekommen. Auch wenn Fasnacht ist.

Wir leben in einer Brauchtumsgegend. Wer heiratet – und Glück hat –, bekommt zum Beispiel einen grünen, blumengeschmückten Kranz ans Tor gebunden, tritt durchs Grün ins neue Leben. Und das Brauchtumsjahr gehorcht seinem eigenen Kalender. Der Großstädter hat sich dergleichen abgeschminkt. Ihm ist Sommer und Winter gleich, abgesehen von den Öffnungszeiten der Freibäder. Für uns entsteht das Jahr neu aus dem Brauchtum – und auch darin liegt ein Quentchen Beschwörung, Mitleben mit der Natur.

Wenn im Spätwinter die Fasnachtsfeuer hochauf lodern, die Scheibenschläger ihre glühenden Kometenschweife in den Nachthimmel jagen, Brand an Brand sich reiht, Zeichen an Zeichen, dann ist das weit mehr als eine liebgewordene, im Grunde aber verzichtbare Tradition. Im Zen-

trum steht die prasselnde, zugleich anziehende und abweisende Macht des Feuers. Die bedrohliche, gleichwohl Leben spendende Glut, das »Spiel mit dem Feuer«. Die Sonnenlandschaft Oberrhein opfert hier – unbeschadet der christlichen Aufgeklärtheit in den Dingen des Glaubens – ihrer wichtigsten Göttin einen wild flammenden Brand. Das formt die Menschen, bindet sie zusammen und leuchtet aus der Kindheit bis weit hinein in die spätesten Jahre.

»Fasnacht«. This is the climax of the whole year for the »Narren« (carnival clowns) of the town. There is a colourful variety of »Häs« and masks, and the »Cliquen« are out in force. Fasnacht attracts visitors from far and wide to the town every year. It is all rounded off with the Fasnacht bonfire and the burning of wooden discs – until next year.

Fasnacht – für die Narren in der Stadt die hohe, die höchste Zeit im ganzen Jahr. Bunt ist die Vielfalt der »Häs« und Masken, groß der Einsatz der »Cliquen«. Die Buurefasnacht lockt jedesmal von weit her Besucher in die Stadt. Mit dem Fasnachtsfeuer, dem Scheibenschlagen, hat das Treiben dann ein Ende – bis zum nächsten Mal.

»Carnaval«. Pour les »fous« (personnes participant activement au carnaval) de la ville le moment le plus important de toute l'année. »Häs« et masques sont nombreux et multicolores et le rôle des »Cliquen« n'est pas sans importance. C'est de loin que le carnaval des agriculteurs attire à chaque fois les visiteurs dans la ville. Il se termine par un grand feu et le lancement de morceaux de bois en feu et ... à l'année prochaine.

Reblandzukunft

Wir suchten eine Stadt. Das war der Ausgangspunkt. Und haben wir sie aufgespürt? – Diese lebendige, vielschichtige, moderne, weit in der Vergangenheit verwurzelte, dörflich-städtische Stadt Weil am Rhein? Ein wesentlicher Punkt ist noch offen. Und er ist so wichtig, daß er der Schlußpunkt sein soll: die Landschaft, die Einbindung der Stadt in das reiche Grün ihres Umlands. Der Handteller, der alles hält zwischen Rhein und Reben.

Blenden wir zurück, wie die Entwicklung in Weil begann, als es noch nicht »am Rhein« war: ein weites, grünes Land, rheinauf, rheinab. Keine industrielle Belastung von Land, Luft und Wasser, kein Lärm, keine Ozonwarnungen. Und das ist keine ferne Vergangenheit, sondern liegt, gemessen an den Zeiträumen unserer geschichtlichen Vorstellungskraft, gerade einen Wimpernschlag lang zurück.

Vom Rebland zum Ballungsraum, für einmal beschleunigt wie im Film-Zeitraffer: ein nahtlos fließender Bewegungsvorgang. Haus reiht sich an Haus. Straße an Straße. Fabriken, Schlote, Gewerbegebiete stehen auf aus leeren Wiesen, der Rhein richtet sich gerade, vom Süden her wächst jenseits der Grenze und wie über Nacht eine stattliche Chemieindustrie, Block neben Block, drängt heran, füllt den Horizont. Die letzten Lücken schließen sich, und schon sind wir da – an unseren Wachstumsgrenzen, ist die Landschaft bebaut, verändert, geschrumpft zum Hausgarten zwischen Freisitz, Tulpenbeet und Garageneinfahrt.

Eine ziemlich pessimistische Sichtweise – wird mancher Zeitgenosse einwenden. Und natürlich hätte er recht. Aber stellt uns nicht die beispielhafte Schnelligkeit des Wachstums der Stadt Weil am Rhein vor Augen, daß wir ein neues, geschärftes Reaktionsvermögen brauchen für diese scheinbar zeitlos langsamen, in Wirklichkeit aber atemberaubend rasanten Veränderungen unserer Welt?

Noch ist alles beim alten, möchte man meinen, morgens auf dem Weg nach Ötlingen. Die Buchen treiben ins erste Grün, der Wein weint ein paar letzte Tränen über den Spätwinter-Schnitt, von Haltingen herauf rauscht der Tag, ein Zug, eine Spielzeuglandschaft weit unten. Noch ist Luft und Freiraum in der Stadt, zieht sich ein Grün-

gürtel vom Rhein bis an den Tüllinger, binden landwirtschaftlich genutzte Wiesen, Wälder und Felder die Stadt und ihre ländlichen Stadtteile zusammen.

Den Blick dafür sollten wir uns nicht verbauen, daß diese Stadt in einen Naturraum eingebettet liegt, der – bei aller Bescheidenheit seines Charakters – zu den bedeutenden, schönsten in Mitteleuropa zählen darf. Uns schaut der Belchen über die Schulter, der Blauen und seine hügeligen, grün bepelzten Kinder. Uns deckt die Oberrhein-Sonne einen reichhaltigen Tisch. Und drüben überm Rhein, über dem weiten, offenen Land verblassen grau die mächtigen Vogesenriesen im zartesten Abendrot. Das gilt es zu bewahren. Allem Wachstumsdruck zum Trotz. Denn darin liegt unsere Zukunft – im Rebland wie in Weil am Rhein.

Noch scheinen die Wachstumsgrenzen nicht erreicht, steht die Stadt wie aufatmend im freien Grün. Aber die Anzeichen starker Umweltbelastung sind auch in Weil am Rhein unübersehbar.

The growth of the town does not yet seem to have reached its limits. It still borders onto the open countryside. But the signs of environmental pollution can not be ignored in Weil am Rhein.

Les limites de l'expansion ne semblent pas être encore atteintes et la ville respire dans la verdure. Mais les signes de la pollution de l'environnement ne peuvent pas être ignorés à Weil am Rhein.

Weil am Rhein im Wandel der Geschichte

Fred Ludwig Sepaintner

Die ersten »Weiler«

Ein Beil (jüngeres Neolithikum, ca. 3200 bis 2000 v. Ch.), ein Dolch (um 1800 v. Chr.) und ein Helm (ca. 1200 v. Chr.) das sind die ältesten Hinterlassenschaften von Bewohnern des Raumes, den heute die Stadt Weil am Rhein einnimmt. Die ersten Spuren menschlicher Besiedelung reichen damit weit über das zweite vorchristliche Jahrtausend hinaus, in die Jungsteinzeit zurück, als Menschen seßhaft wurden, erstmals Felder bestellten und Vieh hielten. Reste von Ansiedlungen jener Zeit fanden sich in den Gewannen Gehren und Sänger, am Südhang des Tüllinger Berges Richtung Haltingen gelegen. Namhafte Prähistoriker nehmen an, daß dieser südliche Teil der Rheinebene und Vorbergzone noch früher von nomadisierenden Jägern und Sammlern durchzogen worden ist.

Wer auf die Karte schaut und sich die Lage von Weil am Rhein vergegenwärtigt, dem wird rasch deutlich, warum derart günstige natürliche Voraussetzungen Menschen angelockt haben. Tatsächlich gehört das rechtsrheinische Vorland von Basel, wo von Norden kommend die Rheinebene, vom Osten das Hochrheintal und von Westen die Burgundische Pforte einmünden, zu den schon früh kontinuierlich und wohl auch verhältnismäßig dicht besiedelten Räumen, wenngleich die Überlieferung prähistorischer Funde spärlich und die angenommene Besiedlungskontinuität nicht belegt ist.

Diese lückenhafte Überlieferung ist gerade auf die frühe, intensive Nutzung zurückzuführen – Zufälligkeiten spielen eine große Rolle. So fanden sich Reste einer Siedlung der Hallstattzeit (7./6. Jh. v. Chr.) im Gewann Hasengarten, keine Relikte der Kelten aus der La-Tène-Zeit, dann aber römerzeitliche Brandgräber, die in die Zeit des Kaisers Claudius (41–54 n. Chr.) zurückreichen, deren Beigaben keltische Einflüsse erkennen lassen. Das Gräberfeld an der Mittleren Straße wurde bis etwa 180 n. Chr. genutzt und begründete die Vermutung, daß damals jeweils bis zu 25 Bewohner dort lebten. Auch für diese Zeit dürfen jedoch noch keine allzu weitgehenden Aussagen gemacht werden; zwischen Römerstraße und Tüllinger Berg finden sich zahlreiche Siedlungsspuren. Unlängst wurde hier sogar die auf einer antiken Karte überlieferte Siedlung Arialbinnum gesucht. Solange jedoch Beweise für die Richtigkeit dieser Annahme fehlen, sollte gerade mit Blick auf Größe und Nutzung des Bestattungsfeldes, die lange vor dem Ende der Römerherrschaft aufhört, nur von einem römischen Gutshof, einer villa rustica, ausgegangen werden.

Alemannische Besiedelung und Erstnennung der vier Orte

Früher wurde regelmäßig mit dem Begriff Landnahme operiert, wenn es darum ging, die alemannische Durchdringung des Südteils von Südwestdeutschland darzustellen, und obwohl dieser Begriff antiquiert klingt und ihm vielleicht ein gewisser ideologischer Beigeschmack anhaftet, charakterisiert er doch anschaulich, was als langer Prozeß der Eroberung und Seßhaftwerdung sich zugetragen hat: Die Alemannen, ein germanischer Volksstamm, waren anfangs des dritten Jahrhunderts an den römischen Grenzen aufgetaucht, hatten bis zur Mitte des fünften Jahrhunderts gegen die Römer gekämpft und sie schließlich besiegt, waren dann aber recht bald auf die Franken gestoßen, die sie wiederum in einem jahrhundertelangen Ringen unterwarfen und ihrem Reichsverband einverleibten. Das Markgräflerland war im Verlauf dieser sich über fünf Jahrhunderte hinziehenden Ereignisse alemannisch besiedelt worden. Namensendungen mit -ingen deuten auf die Tatsache früher alemannischer Besiedelung. Daneben zeugen nur spärliche archäologische Funde, meist Grabbeigaben, von dieser frühen Zeit. Auf heute Haltinger Gemarkung ist hier der Friedhof von Hiltelingen zu nennen, einem Dorf, das im 17. Jahrhundert untergegangen ist.

Erst im 8. Jahrhundert lichtet sich allmählich das Dunkel der Geschichte, ein deutlicher Hinweis darauf, daß die neue, fränkisch-christliche Ordnung stabiler wurde. In Urkunden tauchen jetzt erste Erwähnungen von Ortsnamen auf. Laidolvinchova, wohl das abgegangene Leidikon (heute Weiler Gemarkung) wird in einer St. Galler Schenkungsurkunde aus dem Jahre 751 erwähnt; wenig später, 764/67 beurkundet, verkaufte ein fränkischer Graf zusammen mit anderen alemannischen Besitztümern Güter in Haholtingas/Haltingen an Kloster St. Denis bei Paris (womit eine allerdings nur einige Jahrzehnte dauernde Episode der Haltinger Geschichte begann). Schließlich schenkte Ercanpert 786 seinen Anteil an der Kirche in Willa/Weil an Kloster St. Gallen, das 838 noch weiteren Besitz in Haltingen, wo bereits einer seiner Hörigen saß, erhielt.

Damit sind zwei Orte namentlich faßbar geworden, und obwohl keine Detailaussagen gemacht werden können, gilt es für Weil festzuhalten, daß der Ort so klein gar nicht mehr gewesen sein kann, hatte er doch bereits eine Kirche.

Bleibt also die Frage nach den beiden anderen Orten, Ötlingen und Märkt: Sind dies jüngere Gründungen? Allein von den Daten der Erstnennung her geurteilt – Ottlinchoven/Ötlingen wird 1064, Matro/Märkt gar erst 1169 erwähnt – müßte man die Frage bejahen; dennoch wäre diese Antwort mit größter Sicherheit falsch. Zum einen erinnert die Namensform Matro an vorgermanische Zeit, zum anderen weisen Namensform, Lage und Grabungsfunde sowie Galluspatrozinium der Kirche von Ötlingen auf wesentlich höheres Alter.

So darf man getrost behaupten, daß alle vier Orte in recht früher, alemannischer Zeit entstanden sind und seither die gleichen Namen tragen. Vom achten Jahrhundert an ist im gesamten Gebiet St. Galler Einfluß feststellbar. Dieses wichtige fränkische Reichskloster verlor wohl erst nach dem neunten Jahrhundert seinen Einfluß über weitabgelegene Besitztümer, als es den Höhepunkt seiner Bedeutung schon hinter sich hatte.

Die Dörfer im Mittelalter

Obwohl die einzelnen Abläufe unklar bleiben, läßt sich sagen, daß St. Blasien als Grundherr und Basel auf herrschaftlicher Seite St. Gallen im Gebiet des heutigen Dreiländerecks nachfolgten. Daneben wetteiferten Adelsfamilien wie die Habsburger und die Zähringer um Einfluß und Besitz.

Wer die mittelalterliche Geschichte der Südwestecke Deutschlands begreifen will, muß sich zunächst zwei Dinge vergegenwärtigen: Es gab keine Grenzen zur Schweiz oder zu Frankreich hin und es gab kein so eindeutig festgefügtes Herrschaftssystem wie heute.

Der prägende Einfluß ging eindeutig von Basel aus, das seine Macht zwar delegierte – seine Vorposten in Haltingen, Ötlingen und Märkt waren die Herren von Rötteln, in Weil die Herren von Üsenberg – dennoch, schon allein der Nähe wegen, blieben Bischof und Stadt politisch und wirtschaftlich zumindest im frühen Hochmittelalter dominant.

Erst allmählich setzte eine politische Verselbständigung ein, die den Basler Einfluß zurückdrängte. Zwei Entwicklungen sind hierbei für die Geschichte des heutigen Weil am Rhein hervorzuheben: die erstmalige Vereinigung der vier Dörfer in der Markgrafschaft Hachberg-Rötteln und deren Übergang an Baden. Dies waren die wichtigsten Stationen: 1315/16 vermachte der letzte Herr von Rötteln – übrigens ein Basler Dompropst – seinen Besitz an seinen Großneffen Heinrich von Hachberg-Sausenberg. Damit wurde eine Seitenlinie der Markgrafen von Baden, die die Grafenrechte im ganzen Breisgau nach dem Aussterben der Zähringer geerbt hatten, Besitzer der Herrschaft Rötteln, wozu Haltingen, Ötlingen und Märkt zählten. Weil kam – zusammen mit den Dörfern Wintersweiler und Welmlingen sowie Schloß Ötlikon 1368 an das gleiche Haus, in das 1316 eine Üsenbergerin eingeheiratet hatte. Die vier Orte gehörten zur Markgrafschaft Hachberg-Rötteln bis zu deren Ende 1503. Formal war zwar der Basler Bischof noch immer Oberlehensherr; realiter war sein politischer Einfluß aber bedeutungslos.

Wirtschaftlich läßt sich Basler Einfluß stets nachweisen – und zwar hinsichtlich kirchlicher wie weltlicher Besitzungen. In Haltingen besaßen Bischof und Domstift die Kirche, einige Höfe und Rebland; zu den größeren Grundbesitzern gehörten die Basler Klöster St. Peter, St. Alban, St. Clara und das Frauenkloster Gnadental. Daneben war nur noch der St. Blasier Grundbesitz in Haltingen das Mittelalter über von Bedeutung. Recht ähnliche Verhältnisse fanden sich in Ötlingen und Märkt, wo früh St. Peter großen Einfluß besaß. In Märkt kam daneben nur Kloster Klingental auf; in Ötlingen auch andere Klöster, so im 14. Jahrhundert St. Maria Magdalena, im 15. Jahrhundert St. Clara in Kleinbasel und St. Alban und im 16. Jahrhundert das Basler Predigerkloster – um auch hier nur die wichtigsten zu nennen. Besonders dauerhaft waren in Ötlingen u. a. wiederum sanktblasische, daneben Güter des Basler Domstifts, des Dompropsts sowie des Großen Spitals.

Basler und St. Blasier Einfluß läßt sich bis heute am besten in Alt-Weil demonstrieren: Der Domhof, heute Pfarrhof, 1569 zusammen mit verschiedenen Wirtschaftsgebäuden errichtet, war nicht nur wirtschaftlich Mittelpunkt des ganzen Ortes und Sitz einer Meierei, er war gleichzeitig Verwaltungszentrale für die Güter von Stift Basel in Haltingen, Ötlingen, Tüllingen, Lörrach und Umgebung, was die Bedeutung Weils in dieser Zeit hervorhebt. Zweiter großer Grundbesitzer am Ort war St. Blasien, das einen Meier im Bläserhof (14. Jahrhundert) sitzen hatte.

Schon diese wenigen Details lassen die Abhängigkeiten der Wein- und Ackerwirtschaft betreibenden Bauern in Weil, Haltingen und Ötlingen deutlich werden. Nur das Fischerdorf Märkt hatte eine andere Grundstruktur, im übrigen aber die gleichen Besitzer.

Der Übergang an Baden, Reformation und Dreißigjähriger Krieg

Mit dem Tod des letzten Hachbergers 1503 trat Christoph Markgraf von Baden dessen Nachfolge an – nicht ganz unumstritten; denn Witwe und Tochter des Verstorbenen erhoben ebenfalls Ansprüche, doch der badische Markgraf konnte sich schließlich durchsetzen – faktisch rasch, rechtlich erst nach einem bis 1581 währenden Prozeß. Wichtigste Argumente waren dabei das »Rötteler Gemächte« mit Philipp von Hachberg, der 1490 geschlossene Erbvertrag, sicher aber auch die sofortige Zustimmung der Untertanen in Form der Huldigung gleich nach dem Herrschaftsantritt in Tannenkirch. Die vier Orte blieben fortan badisch, erlebten den Bauernkrieg, die Teilung der Badischen Lande 1535 – sie fielen mit der ganzen Herrschaft Rötteln der Markgrafschaft Baden-Durlach zu; und als deren Bestandteil wurde 1556 die Reformation im lutherischen Sinne unter Markgraf Karl II. eingeführt.

Basel, das anfangs des Jahrhunderts Mitglied in der Eidgenossenschaft geworden war, wirkte unvermindert auf die Ereignisse seines Vorlandes ein, suchte den aufgebrachten Markgrafen zu mäßigen, um die aufständischen Bauern zu schonen, bot ihm andererseits aber auch Zuflucht, als er 1525 aus Rötteln hatte fliehen müssen. Die Einflußnahme geschah aber nur mehr auf politisch-diplomatischem Wege. Der andere starke Impuls, der aus Basel herüberdrang, war der reformatorische. Von dort bezog der Markgraf seinen ersten Generalsuperintendenten – man würde ihn heute wohl Dekan nennen – Dr. Simon Sulzer, einige der neuen Pfarrer und auch Formen der neuen Lehre.

Obwohl der Markgraf zuvor seine Gemeinden angehört hatte, dauerte es einige Jahre, bis sich der Protestantismus im Markgräflerland durchsetzte. Besonders aus Weil ist anfangs vom Widerstreben der Bevölkerung die Rede, die noch auswärts die Messe besuchte und sich gegen den neuen Gottesdienst auflehnte. In Haltingen und Ötlingen hingegen – beide Dörfer gehörten damals zur Ötlinger Pfarrei – ging die Reformation problemlos vonstatten: Pfarrer und Gemeinde schlossen sich im Oktober 1556 freiwillig der Reformation an. Märkt erhielt zusammen mit Eimeldingen um die gleiche Zeit seinen ersten evangelischen Pfarrer; er kam aus der Steiermark.

Einhundert Jahre nach dem Beginn der Reformation entbrannte ein Krieg von bisher ungeahntem Ausmaß, in den fast alle grundsätzlichen Rivalitäten dieser Epoche hineinwirkten und in dem nur in der allerersten Phase Protestanten und Katholiken, Stände und Kaiser gegeneinander antraten; die europäische Dimension dieses Krieges, in dem Schweden und Dänen, Spanier und Holländer, am Ende vornehmlich Frankreich und Habsburg miteinander stritten, war schon im ersten Jahrzehnt erreicht.

Dreißig Jahre, von 1618 bis 1648, dauerten die Kämpfe; 1622 wurde das Markgräflerland erstmals unmittelbar heimgesucht. Einquartierungen und Requirierungen folgten alsbald, und mehr als 5 000 Markgräfler packten ihre Habseligkeiten zusammen und flohen nach Basel, wo auch der Markgraf in diesen Jahren Hof hielt. Geradezu apokalyptisch mutet an, wovon die Quellen dieser Zeit berichten: entvölkerte Dörfer, brachliegende Felder und verwüstetes Land, immer wieder neue Truppen, kaiserliche, schwedische, bayerische und französische, die durch das Land zogen, plünderten, um sich zu versorgen und zu bereichern, Teuerung, Hungersnöte, Seuchen bis hin zur Pest, unter denen die verbliebenen Menschen zu leiden hatten.

Als 1648 endlich Friede geschlossen war, wurde der Schaden in der Herrschaft Rötteln-Sausenburg auf knapp 750 000 Gulden beziffert, in Weil und Haltingen alleine auf etwa 50 000 Gulden. Die Sehnsucht der damaligen Zeit kommt ganz deutlich in einem symbolischen Akt Friedrichs V., des badischen Markgrafen, zum Ausdruck, als er sein 1640 von den v. Rotberg erworbenes und im Krieg zerstörtes Schloß Ötlikon aufbaute und es »Friedlingen« nannte. Doch es folgten alles andere als friedliche Zeiten, und für mehr als hundert Jahre hieß der Hauptgegner Frankreich.

Vom Ende des Dreißigjährigen Krieges bis zur Napoleonischen Zeit

Am Beginn neuerlicher Auseinandersetzungen stand der Einfall der Truppen Ludwigs XIV. 1672 in Holland. Friedrich IV. von Baden hatte als Feldmarschall des Reiches sofort seine Truppen verstärkt. Neue Kriegsabgaben kamen auf die Bevölkerung zu, zuerst an den Markgrafen, bald auch an die Franzosen, deren Grenze seit dem Frieden von Münster an den Rhein vorgeschoben war und deren weitere Expansionsstrategie jetzt auf die befestigten Plätze des Markgrafen zielte. Unmittelbar bei Weil waren damit zuerst die Schlösser Friedlingen und Hiltelingen betroffen, aber auch die Burgen der weiteren Umgebung, Rötteln zumal; die Sausenburg und Badenweiler.

Die Franzosen drangen 1678 in die Herrschaft Rötteln ein. Der Verteidiger, Marschall Syffredy, hatte zunächst mit größter Entschlossenheit die ihm nötig erscheinenden Maßnahmen ergriffen und ohne Rücksicht auf die Bewohner alle Häuser in der Umgebung der Schlösser bei Weil beseitigen lassen. Von Hiltelingen blieb nur noch die Kirche übrig, und Weil selbst war nur mit knapper Not dem gleichen Schicksal entgangen. Doch alle Vorkehrungen sollten genauso erfolglos sein wie die diplomatischen Bemühungen, die Franzosen zur Anerkennung der Neutralität von Hiltelingen und Friedlingen zu bewegen. Der Reihe nach wurden die badischen Schlösser von den Angreifern genommen und zerstört. Mit 30 000 Mann lagerten sie rechts des Rheins.

Auch der Friede von Nimwegen 1679 brachte nicht die ersehnte Ruhe. Neue Bedrohung ging von der Festung Hüningen aus, die nach Plänen des berühmten französischen Festungsbaumeisters Vauban erbaut wurde und fortan, bis 1815, immer wieder als französischer Brückenkopf dienen sollte: während des Pfälzischen Krieges (1697) genauso wie im Spanischen Erbfolgekrieg, in dessen Verlauf 1702 die berühmte Schlacht von Friedlingen geschlagen wurde, bei der sich im Käferholz 30 000 Franzosen und Kaiserliche unter dem Befehl des Markgrafen Ludwig Wilhelm, des berühmten Türkenlouis, gegenüberstanden. Leidtragende waren immer wieder die Bewohner des Dreiländerecks, deren Häuser, Reben, Obstbäume, Felder und Wälder beschädigt und zerstört, die zu Kriegsdiensten und -abgaben herangezogen wurden und wenn sie Glück hatten nur wirtschaftlichen Schaden nahmen. Erst nach den napoleonischen Kriegen als die Festung 1815 geschleift werden mußte, trat Besserung ein.

Die vier Dörfer im 18. und Anfang des 19. Jahrhunderts nach zwei zeitgenössischen Quellen

Als der Rötteler Landvogt – vergleichen wir ihn einfach mit dem heutigen Landrat, ungeachtet der Unterschiede von Zeit und Recht – vor der Mitte des 18. Jahrhunderts seinen Amtsbezirk beschrieb, waren durchaus noch Auswirkungen der Kriege zu spüren: Hiltelingen war völlig verwüstet; Dörfer wie Haltingen, die nicht allzu sehr verschuldet waren, mochten sich glücklich preisen. Die Weiler stellten ihrer Verpflichtungen wegen beträchtliche Forderungen an ihre Basler Ausmärker, die Kriegskosten nachzahlen sollten. Märkt wurde als nichts wert verspottet. Der von alters her »considerable Flecken« mit »ansehnlicher Kirche« zählte nur noch 96 Einwohner, die in »20 geringen Fischerhäuslein« wohnten, war also gewiß armselig. Niedergang spiegelt sich auch in den kirchlichen Verhältnissen wider, denn kirchlich war Märkt jetzt abhängig von Eimeldingen, das einstmals Märkter Filiale gewesen war. Nahrung und Einkommen fanden die Märkter vornehmlich in der Fischerei; die Feldarbeit dagegen war wesentlich weniger einträglich, zudem mußten davon – wie überall – Abgaben an die Herrschaft, an das Kloster St. Peter in Basel sowie an das Domstift und an den Deutschen Orden abgezweigt werden. Diese fielen wie überall im Zuge der napoleonischen Reformen weg und man kann annehmen, daß trotz aller Kriege in Märkt eine gewisse wirtschaftliche Konsolidierung eintrat. Zu Beginn des 19. Jahrhunderts war das Dorf auf 35 Wohn- und 47 Nebengebäude angewachsen; 153 Menschen lebten dort.

In bunteren Farben leuchten die Bilder, in denen Leutrum von Ertringen, der Landvogt, die drei anderen Dörfer malte, die heute in der Stadt zusammengefügt sind: Weil, Vorort des Weiler Viertels, wozu Tüllingen, Haltingen, Ötlingen, Märkt, Binzen, Eimeldingen, Fischingen, Efringen und Kirchen sowie bis zu ihrer Zerstörung auch Friedlingen und Hiltelingen gehörten, nennt er einen der vornehmsten Orte in der Oberen Markgrafschaft, sowohl seiner Lage wie seines Weines wegen, der sich bei den Baslern besonderer Beliebtheit erfreue, und auch wegen seines Obstes, aus dem die Weiler – er gibt deren Zahl mit 655 an – jährlich ein schönes Geld erlösten. Die überkommene, stark ausgeprägte wirtschaftliche Verflechtung mit und Abhängigkeit von Basler Bürgern und Klöstern ist in seiner Beschreibung noch in hohem Maße spürbar, wenngleich der badische Markgraf alle herrschaftlichen Ansprüche des Bischofs längst zurückgedrängt hatte. Dennoch blieb ein Rest doppelter Abhängigkeit. Das zeigt sich an der Kirche, deren Langhaus der Markgraf erhalten mußte, während das Basler Domkapitel in Arlesheim für Chor und Pfarrhaus aufzukommen hatte.

Bis zur Jahrhundertwende war die Einwohnerzahl auf 922 angestiegen; 162 Wohnhäuser standen in Weil, einige der schönsten gehörten Baslern. Dort aber, wo Friedlingen gestanden hatte, war jetzt Wiesenland.

Über Haltingen und Ötlingen, mit 474 bzw. 426 Einwohnern kaum unterschiedlich in der Größe, wußte Leutrum nur Positives zu berichten. Haltingen nannte er einen »gesegneten Ort«, dessen Wein guten Absatz finde, was seinen Bewohnern Wohlstand beschere. Gleiches berichtete er von Ötlingen, das »ungemein anmutig, schön und fruchtbar auf der Höhe« liege. Seinen Einwohnern fehlten lediglich Wiesen und Wald, der gar nicht auf Ötlinger Gemarkung stand, weswegen sie, wo immer möglich, Land hinzu erwarben. Nur ausgesprochen trockene Jahre brächten das Dorf in Not. Dann müßten Brunnen geschlossen und Wasser rationiert werden. Vielleicht war das ein Grund dafür, daß Ötlingen nach der Wende zum 19. Jahrhundert nur noch 409 Einwohner zählte.

Nach der Beschreibung der badischen Markgrafschaft von 1804, unserer zweiten Quelle, hatte Haltingen während der Koalitionskriege vor der Wende zum 19. Jahrhundert »unbeschreiblich gelitten«, zudem hatte es die Einwohner des zerstörten Hiltelingen, wo jetzt nur noch Wiesen lagen, aufgenommen, so daß seine Einwohnerzahl auf 562 angewachsen war. »Überfluß an Getreide und gutem Wein« zeigen aber, daß die wirtschaftliche Grundlage für die Haltinger so schlecht nicht war.

Trotz der Kriege hatte sich in all den Jahren nicht so viel verändert, sehen wir einmal davon ab, daß zwei kleine Dörfer, Friedlingen und Hiltelingen, aufgehört hatten zu bestehen. Wie im hohen Mittelalter waren Weil, Haltingen und Ötlingen an der Schwelle zum 19. Jahrhundert noch immer relativ wohlhabende Rebdörfer; Märkt dagegen ein kleines, weit ärmeres Fischer- und Bauerndorf.

Vom 19. Jahrhundert bis in die Gegenwart

Danach aber setzte ein radikaler Wandel ein, der in weniger als einhundert Jahren nacheinander alle Bereiche des Lebens erreichte und das alte Bild der Dörfer wegwischte. Weil und Haltingen wuchsen zu Industrie- und Eisenbahnerorten heran, und aus dem Rebdorf Weil schließlich wurde die Stadt Weil am Rhein. Märkt wie Haltingen verloren ihre Selbständigkeit, so wie zuvor schon ihre Identität: beim einen bestimmte, darin Weil vergleichbar, die Bahn einen wesentlichen Teil des Erscheinungsbildes, im anderen war die Fischerei längst zum Gegenstand nostalgischer Erinnerung geworden. Dort ging man jetzt auswärts arbeiten: bei der Bahn in Haltingen, in der Weiler Industrie, bis eine eigene sich im Ort niedergelassen hatte. Auch im eingemeindeten Ötlingen wird der nachhaltige Wandel spürbar. Auch dort hat die Landwirtschaft ihren bestimmenden Einfluß verloren, das Erscheinungsbild des Ortes dabei allerdings nichts von seinem alten, überkommenen Reiz eingebüßt.

Die Impulse, die zu all diesen Veränderungen geführt haben, gab das frühe 19. Jahrhundert: zuerst auf politischem, später auf wirtschaftlichem und sozialem Gebiet.

Aus der kleinen badischen Markgrafschaft war um die Jahrhundertwende in wenigen Jahren ein Kurfürstentum, kurz darauf ein Großherzogtum geworden, das über eine Million Einwohner zählte, eine Verfassung erhielt und damit erstmals seiner Bevölkerung die Möglichkeit zur direkten politischen Mitbestimmung einräumte. Fortschrittlich liberal wollte die Bevölkerung dieser Tage sein, und besonders die evangelischen Dörfer im Markgräflerland – alle vier gehören in diese Reihe! – kennzeichnet diese Haltung das ganze 19. Jahrhundert hindurch. Die anderen politischen Richtungen des 19. Jahrhunderts, politischer Katholizismus und Sozialismus, fanden erst nach der sozialen Umgestaltung größeren Anklang und erreichten dann allmählich politische Bedeutung.

Die Kernfrage dieser Zeit wurde sehr unterschiedlich formuliert: gemäßigt-liberal oder demokratisch, gemeinsam mit der Regierung Reformen anstreben oder eine gänzlich neue Staatsform, ohne Hof, ohne Herrscher, allein mit dem Volk und durch das Volk. Die Antwort, die nicht nur im Dreiländereck gegeben wurde, lautete anfänglich – und dies beweisen die frühen Ereignisse des Jahres 1848 – eindeutig Demokratie. Nur so war es möglich, daß Hecker Zulauf erhielt, daß sein Aufstand sich überhaupt erheben konnte. Im Kräftemessen mit den besser organisierten Truppen der alten Ordnung scheiterten die Demokraten jedoch rasch. Ihre Führer flohen wie Hecker in die Schweiz, und die »Helden der Schusterinsel«, die aus dem republikanischen Frankreich gekommen waren, für einige Tage die Schusterinsel besetzt und dort die Republik proklamiert hatten, kehrten unverrichteter Dinge wieder dorthin zurück.

Gewiß setzte bei der Bevölkerung daraufhin ein Ernüchterungsprozeß ein; denn beim Struveputsch des Jahres 1849 war von der anfänglichen revolutionären Begeisterung kaum mehr etwas vorhanden, im Gegenteil, die meisten mußten zur Teilnahme gezwungen werden. Das Schicksal der »Weiler Musikanten«, die »gar greuliche Töne« von sich gebend dem Struvezug vorausmarschierten, ist Stadtgeschichte geworden: Nur zwei Tage nach ihrem Aufbruch aus Lörrach scheiterten die Revolutionäre in Staufen an den regulären badischen und hessischen Truppen. Die »Weiler Musikanten«, das ist überliefert, suchten sich zu verstecken, doch aus einem ihrer Gewehre löste sich ein Schuß. Sie waren verraten. Bis auf einen, den späteren Kronenwirt, gerieten sie in Gefangenschaft und wurden noch am gleichen Tage standrechtlich erschossen.

Die Revolution war damit gescheitert, die Fragen aber, die sie ausgelöst hatte, blieben offen, und die Antwort, die nun von oben »oktroyiert« wurde, führte zu einer Art politischer Lähmung, zum »bleiernen Reaktionsschlaf«, wie es der Lörracher Arzt und Politiker Kaiser formulierte. Es dauerte mehr als ein Jahrzehnt, bis eine weitergehende politische Mitbestimmung der Bevölkerung Schritt für Schritt realisiert wurde.

In der Weiler Geschichte waren unterdessen »Weichen« neu gestellt worden. Heftig war zuvor darum gerungen worden, ob Baden eine Staatseisenbahn erhalten sollte oder ob Privatbahnen nicht besser seien. Noch heftiger wurde die Frage diskutiert, wo die Bahntrasse verlaufen sollte, und vor allem Lörrach, die Amtsstadt, warf all ihren politischen Einfluß in die Waagschale, um einen direkten Bahnanschluß zu erhalten.

Ausschlaggebend war in dieser Situation der Isteiner Klotz. War er erst überwunden, das heißt umgangen oder untertunnelt, dann war die weitere Richtung vorgegeben. Diese Entscheidung fiel im Jahr 1847 zugunsten des Tunnels. Es dauerte dann doch noch bis 1852/53, bis die entscheidenden Verträge mit Basel und der Eidgenossenschaft geschlossen waren. Inzwischen aber waren die Schienen bis nach Haltingen gelegt, das vorerst und für längere Zeit Endstation blieb und wo sich deshalb ein lebhafter Speditionsverkehr entfaltete. Die nächste Station sollte Weil werden, genauer gesagt: die Leopoldshöhe, und dort herrschte bald hektische Betriebsamkeit. Eine Eisenbahnbaukasse auf der Schusterinsel wickelte die finanzielle Seite des Grundstückserwerbs ab. Größere Schwierigkeiten mit den bisherigen Besitzern traten kaum auf; nur in wenigen Fällen mußte die Entschädigungssumme gerichtlich festgesetzt werden. Das denkwürdige Datum, an dem der öffentliche Bahnbetrieb auf der Leopoldshöhe begann, war der 28. September 1855. Wenige Tage zuvor war der erste badische Bahnhof in Kleinbasel – dort, wo heute das Messegelände liegt – eröffnet worden.

Damit hatte für Weil und die gesamte Umgebung ein neuer Zeitabschnitt begonnen. 1878 kam die Bahnlinie nach St. Ludwig im Elsaß hinzu, 1890 war der Tüllinger Berg durchstochen und damit eine Bahnverbindung nach Lörrach und weiter ins Wiesental geschaffen; damals ausdrücklich militärisch motiviert und als »strategische« Bahn bezeichnet. Für Weil brachte sie den zweiten Bahnhof, Weil-Ost.

Der Wandel, den die Bahn nach sich zog, hatte damit aber erst begonnen; die augenfälligen Veränderungen wurden erst nach der Jahrhundertwende realisiert, wobei weite Teile der Haltinger und Weiler Gemarkung in eine Riesenbaustelle verwandelt wurden. Dabei handelte es sich um Großprojekte. 50 Millionen Mark investierte die Bahn, um auf 235 ha Land – davon 137 ha auf Weiler und Haltinger Gemarkung – einen Güterbahnhof von 4 km Länge und 200 m Breite zu bauen. 191 km Gleise wurden verlegt, 17 Eisenbahnbrücken gespannt, und 5 Straßenbrücken überquerten den Gleiskörper; 6,5 Millionen Kubikmeter Sand wurden bewegt, bis alle Anlagen des Güter- und Verschubbahnhofs gebaut waren. Beide haben die Landschaft zwischen Haltingen und Basel nachhaltig verändert. Das dritte dieser zeitweise parallel laufenden Bauprojekte und krönender Abschluß war der Neubau des Badischen Bahnhofs in Basel, der im September 1913 in Betrieb genommen wurde. Der rasch erreichte Ruf als europäischer Musterbahnhof veranschaulicht, welche Bedeutung diesen Anlagen vor dem Ersten Weltkrieg beigemessen wurde, auf denen zeitweise über 10 000 Bahnbeschäftigte tätig waren. Damit ist ein weiterer Grund für die Veränderung von Weil, Haltingen und Umgebung genannt: 10 000 Arbeitsplätze. Viele verließen ihre Landwirtschaft und gingen zur Bahn, viele kamen mit ihren Familien von weit her mit dem gleichen Ziel. Wohnungen zu finden war in Weil oder Haltingen anfangs aussichtslos. Man zog nach Basel und ins nahe Elsaß, bis auf der Leopoldshöhe gebaut wurde. Die Bahn wandte fast zwei Millionen Mark für die Umsiedlungsaktion auf. Bis 1909 waren dort 42 Wohnungen fertig, die Keimzelle der Bahnkolonie. 1913 wurde in Haltingen gebaut, 1914 mit einem zweiten Bauabschnitt in Weil begonnen. Langsam entstanden die Gartenstädte, typisch für die Zeit ihres Entstehens, zunächst außerhalb der alten Orte gelegen und fremd. Daß daraus eine soziale Veränderung resultierte, kann nicht verwundern. Die seit der Reformation rein evangelischen Markgräflerorte hatten mit einem Male rund ein Viertel katholische Einwohner, die mit der Gegend zunächst gar nicht verwurzelt waren und ihre eigenen Gruppen und Vereine – auch Pfarreien – bildeten. Soziale Integration war gefordert.

In Weil hatte sich zu dieser Zeit bereits ein drittes Element herausgebildet. Neben Alt-Weil und der Bahnkolonie Leopoldshöhe waren auf der Schusterinsel (längst nur noch ein Name, denn nach der Tullaschen Rheinrektifikation war der Altrheinarm allmählich ganz versandet) – verkehrsgünstig an zwei Grenzen gelegen – nach mehrfach fehlgeschlagenen Versuchen nach 1890 gleich zwei Industriegründungen von Dauer: die anfangs unter der Firma »Aktiengesellschaft Schusterinsel« von Basler und Mülhauser Unternehmern gegründete Strang- und Bandseidenfärberei, aus der 1901 die »Färberei und Appretur Schusterinsel« (FAS) hervorging, und die Seidengarnfärberei des Baslers Josef Schetty und seiner Söhne. Am Vorabend des Ersten Weltkrieges waren dort etwa 1 600 Fabrikarbeiter beschäftigt; allein 1 200 in der FAS, die sich vorwiegend in Friedlingen niederließen. Aus dieser sprunghaften und intensiven Industrialisierung ergaben sich Folgen, die in die Umgebung hineinwirkten; z. B. der Boom des Haltinger Baugeschäfts Schumacher (1914 etwa 400 Mitarbeiter), überhaupt die Tatsache einer veränderten Beschäftigungsstruktur. Schon 1895 – eine spätere verläßliche Zahl vor dem Ersten Weltkrieg liegt nicht vor – waren von den knapp 2 000 Erwerbstätigen im heutigen Weil am Rhein nur noch 57% in der Landwirtschaft beschäftigt. Dieser Wert verschob sich immer weiter zugunsten der Erwerbstätigkeit in Industrie, Handel, Verkehr und in den sonstigen Bereichen. Neue Gemeinwesen bildeten sich heraus, und für die Gemeindeverwaltungen am Ende des Kaiserreichs bedeutete dies, daß sie ganz anderen, vielfältigeren Bedürfnissen einer stark wachsenden, zum Teil durchaus fremden Bevölkerung gegenüberstanden. Nach dem Ersten Weltkrieg, 1925, kam das dritte Unternehmen hinzu, das ebenfalls synonym für die Weiler Industrie geworden ist, nämlich die Robert Schwarzenbach & Co., RSC. Dieses Schweizer Unternehmen kam eigentlich nur deshalb von Hüningen nach Weil, weil das Elsaß abgetrennt worden war, und sich damals der deutsche Markt weit interessanter gestaltete als der französische.

Mit der Nennung dieser drei Unternehmen ist aber auch der strukturelle Schwachpunkt der damaligen Weiler Industrie markiert: Alle gehörten zur Textilindustrie, deren Krisenanfälligkeit sich als besonders stark herausstellen sollte. Zwei mußten in den 70er Jahren, das dritte zu Beginn der 80er Jahre aufgeben. Sicherlich war dies für die Entwicklung Weils der bisher schwerste Rückschlag. Erst das vierte Schweizer Unternehmen, das sich in Weil niederließ, Lonza, gehörte der chemischen Industrie an und besteht bis heute fort.

Nach dem Ersten Weltkrieg, der die Grenze zum Elsaß wieder aufrichtete, auch dies für die weitere wirtschaftliche Entwicklung Weils nicht ohne Folge, wie oben gezeigt – wuchs die Zahl der bei Bahn und Industrie Beschäftigten unverändert weiter. Viele Bahnbedienstete mußten während der Zeit der Inflation von Basel auf die Leopoldshöhe umgesiedelt werden, weil die angespannten Finanzen es der Bahn nicht mehr erlaubten, den in Basel Wohnenden Gehälter in Schweizer Franken zu bezahlen. Deshalb wurde weiter gebaut, und wen wundert es, wenn es in einer solchen Notzeit zu sozialen Konflikten und Unruhen kam. Die politisch Radikalen beider Lager sahen ihre Stunde nahen. Von Kommunisten wohlvorbereitet, zogen anfangs 1 000 Streikende Bauarbeiter am 12. September 1923 von der Leopoldshöhe zum Lörracher Bezirksamt und forderten die Verdreifachung ihres Stundenlohns von 2,3 Mio Mark. Die Aktion wuchs rasch vom sozialen Protest zum Aufstand mit Toten und Verletzten. Fabrikanten und Beamte wurden als Geiseln genommen, der Ausnahmezustand verhängt, als Antwort der Arbeiter der Generalstreik verkündet. Schnell griff die Aktion auf die weitere Umgebung über, schließlich erreichte sie alle industriellen Teile Badens. Am 24. September, zwölf Tage nach dem Beginn, kamen beide Seiten aufeinander zu und einigten sich. Die Revolution, von der manche geträumt hatten, fand nicht statt.

Auf der Leopoldshöhe konnte weitergebaut werden. Sie war inzwischen größer geworden als Alt-Weil. Auch auf dem gewerblichen Sektor hielt das Wachstum an. Gegen Ende des Jahrzehnts wurden in Weil 340 Gewerbebetriebe mit 900 Beschäftigten gezählt, hinzu kamen 2 400 Industriearbeiter und -angestellte. Der Abstand zwischen Weil und den drei anderen Orten war inzwischen gewaltig. »Es dürfte wohl kein Gemeinwesen in Baden vorhanden sein, das sich in so kurzer Zeit entwickelt hat. Seit dem Jahre 1910 hat sich die Bevölkerungszahl nahezu vervierfacht«, so lautete die Begründung von Bürgermeister Rudolf Kraus für seinen Antrag, Weil zur Stadt zu erheben. Fast 8 000 Menschen wohnten inzwischen in Weil, davon bereits über die Hälfte auf der Leopoldshöhe. Etwa 2 500 Arbeitsplätze bot die örtliche Industrie; weitere 1 000 gab es in Gewerbe, Handwerk und Handel. Weil hatte sich völlig verändert. Das sollte auch durch den neuen Namen zum Ausdruck kommen: Weil am Rhein, wie der Bürgermeister vorschlug. Er verband damit das Programm, die voneinander getrennten Stadtteile zusammenwachsen zu lassen.

Dieses Ziel hat Bürgermeister Kraus in seiner ersten Amtszeit nicht ganz verwirklichen können. Die Ideen und Ziele aber waren in seiner

Zeit entstanden und wurden auch noch weiterverfolgt, als der NS-Staat Kraus längst aus dem Amt getrieben hatte: Der Bau eines Hafens und einer Auto-Schnellstraße, die, 888 km lang, Hamburg direkt mit Basel verbinden sollte. Realisiert wurde sie freilich erst nach 1933.

Als 1937/38 der Raum Karlsruhe erreicht war, verhängte der Freiburger Landeskommissär im Raum Haltingen – Weil am Rhein eine Bausperre. Glücklicherweise war das voreilig, und im Jahr darauf wurde die Maßnahme rückgängig gemacht. Der Weiterbau der Autobahn ging indes nur noch schleppend voran. Die damaligen Pläne – wären sie realisiert worden – hätten für die Weiterentwicklung Weils einen noch tieferen Einschnitt bedeutet als der Bau der Eisenbahn: Das Stadtgebiet wäre in der Mitte entzweit worden, die Leopoldshöhe von Alt-Weil getrennt. Deshalb darf man wohl zu Recht sagen, daß die heutige Autobahntrasse mit der großzügigen Gemeinschaftszollanlage bei allen Opfern, die sie erneut abgefordert hat, der Stadt weit zuträglicher ist. Der Geländeverlust war und ist schmerzlich, die Vorteile aber liegen auf der Hand; der Fernverkehr hat seine negativen Auswirkungen verloren, Weil am Rhein aber ist außerordentlich gut an das europäische Straßennetz angebunden.

Auf einen anderen Aspekt der NS-Zeit muß hier noch aufmerksam gemacht werden. Schon vor den 1930er Jahren hatte es Eingemeindungsvorschläge gegeben, vorderhand um zu sparen. Die Ideen aus dem Lörracher Bezirksamt, wie z. B. 1931 Haltingen und Ötlingen zu vereinigen, waren rundweg von den Beteiligten abgelehnt worden. Anders verhielt es sich 1935, als Haltingen nach Weil am Rhein eingemeindet werden sollte. Während aus Weil nur Zustimmung zu hören war, kam aus Haltingen ein entschiedenes Nein: Der seit 1919 amtierende Bürgermeister Kaufmann ging sogar soweit, seinen Rücktritt anzubieten. Dies war wohl ausschlaggebend. Wie aus der NSDAP-Korrespondenz hervorgeht, war »das politische Moment mit Kaufmanns Rücktritt zufriedenstellend gelöst, ... liegen keinerlei Gründe mehr zur Eingemeindung vor«.

Daß ähnliche Pläne auch für Weil existierten, ist bisher weitgehend unerwähnt geblieben. Schon während des Ersten Weltkriegs hatte der Lörracher Bürgermeister Dr. Gugelmeier darüber räsoniert und in einer Denkschrift »Verbindung des Wiesentales mit dem Rhein« wirtschaftliche Gesichtspunkte angeführt. Zwar seien in Friedlingen Anfänge einer günstigen Entwicklung feststellbar, die Gemeinde Weil aber sei wirtschaftlich und technisch nicht stark genug, die Vorteile der Lage voll auszunutzen. Dem hatte damals das Lörracher Bezirksamt entgegengehalten, daß die Gemeinde Weil sich bisher allen Aufgaben gewachsen gezeigt hätte. 1934/36 wurden neben wirtschaftlichen vor allem auch politische Erwägungen angeführt, wonach dem schweizerischen Basel, das nur durch Zusammenschlüsse von Gemeinden so stark geworden sei und von dem jetzt verheerende Einflüsse ausgingen, auf deutscher Seite nur bei Zurückstellung »örtlicher Kirchtumspolitik« und »Unterordnung unter die Notwendigkeiten der Zeit in Erkennung der großen Aufgabe unseres Grenzgebietes« (Schreiben des Bürgermeisters der Stadt Lörrach vom 17. 8. 1936, StALö HA 0035/1471) ein möglichst starker Gegenpol entgegenzusetzen sei. Bei allem politischen Einfluß, den der Lörracher Bürgermeister dieser Tage, Reinhard Boos (bis 1936 auch NSDAP-Kreisleiter) besaß, bis an den Oberrhein vermochte er sein Stadtgebiet doch nicht auszudehnen.

Ungleich stärker als unter dem Ersten Weltkrieg hatten Weil am Rhein und alle heute dazugehörigen Dörfer unter dem Zweiten Weltkrieg zu leiden. Schon im Mai 1940 war Weil, mehr noch Haltingen, böse getroffen worden: 200 Wohn- und Wirtschaftsgebäude wurden ein Raub der Flammen. Gegen Ende des Krieges waren es in Weil vor allem die Fabriken samt Umgebung und ein nicht unbeträchtlicher Teil von Märkt, die von Bomben zerstört wurden, und vor dem Einmarsch der Franzosen wurde die Friedensbrücke gesprengt. 542 Tote und 235 Vermißte erfaßte die Statistik des Schreckens.

Opfer anderer Art forderte dann der Wiederaufbau: Lebensmittelknappheit und Wohnungsnot waren die größten Probleme. Die Aufnahme von Heimatvertriebenen und Flüchtlingen sowie die requirierende Besatzungsmacht machten die Situation noch schlimmer.

Bis 1950 war der ärgsten Not abgeholfen, arbeiteten die Fabriken wieder auf vollen Touren, wurde unermüdlich gebaut. Die ursprünglich weit auseinanderliegenden Teile von Weil am Rhein wuchsen allmählich zusammen. Weil am Rhein war wieder ein bevorzugter Wohn- und Arbeitsort.

Ein deutliches Signal für die neue Zeit setzte dann die Städtepartnerschaft mit Hüningen 1962, über den Rhein hinweg zum elsässischen Nachbarn. Stetig schneller wachsend als das Umland überschritt die Stadt 1970 die 20000-Einwohner-Marke, wurde zur Großen Kreisstadt und nahm bereits Versorgungsfunktionen für das Umland wahr. Dies waren wichtige Argumente, als danach die Eingemeindungsdiskussion begann. Nur Ötlingen schloß sich am 1. Dezember 1971 freiwillig an Weil am Rhein an; in Haltingen und auch in Märkt wurde erbittert dagegen gekämpft. Haltingen stimmte zum allerletzten Termin 1974 der Eingliederung zu, Märkt wurde aufgrund des Gemeindereformgesetzes eingemeindet. Mit dem Jahresbeginn 1975 hatte die Stadt damit ihre heutigen Grenzen erreicht.

Zukunftsperspektiven

Gerade sechzig Jahre Stadt, ist Weil am Rhein – mit dem stärksten Bevölkerungswachstum im Landkreis in dieser Zeit – dabei, sich weiterzuwandeln, gleichsam schon wieder eine andere zu werden: in ihrem Aussehen, ihrer Struktur, ihrem Wesen. Groß ist Weil am Rhein geworden zuerst dank seiner enormen Verkehrsgunst. Die wird es auch in Zukunft besitzen, wenngleich unter veränderten Vorzeichen. Weil am Rhein wird kaum mehr die Rolle des Wohnorts derer wahrnehmen, die in einem der Gewerbe tätig sind, die den Verkehr von Gütern und Menschen organisieren; dies gilt für Bahn wie für Zoll. Wer wollte heute mit Bestimmtheit sagen, ob um das Jahr 2000 überhaupt noch Zollschranken Basel von seinem deutschen Vorposten abtrennen? Dann ist Weil »nur« noch Durchgangsort, nicht mehr Kontrollpunkt. Für die Bahn läßt sich heute schon mit Bestimmtheit feststellen, daß sie quantitativ wie qualitativ neue Lösungen und Wege sucht. Neue Bahnarbeitersiedlungen – dazu gehört keine Prophetengabe – wird es keine mehr geben und gerade heute geht die Diskussion, was aus dem freiwerdenden Bahngelände wird, was das neue Güterverkehrszentrum, Ersatz für den alten Güterbahnhof, der Stadt bringen mag. Die Bahn verändert ihre Struktur, High-Tech findet Eingang, wie im übrigen in der Stadt auch. Sei es – wohl das augenfälligste Beispiel – in Gestalt des neuen Technologiezentrums, mit dessen Ansiedelung in Weil am Rhein die Stadt eine Richtung künftiger Entwicklung wies, sei es durch bewußte Förderung und Ansiedelung neuer Industrien, die auf dem High-Tech oder auf sonstigen Bereichen des Dienstleistungssektors tätig sind. Verbesserung des Serviceangebots und Bildung eines eindeutigen Stadtzentrums, verbunden mit einem neuen, gesamtstädtischen Verkehrskonzept: Das sind erklärte Ziele für die Weiler Stadtentwicklung. Die neue Nutzung dessen, was Industriebrache geworden war, als die Textilbetriebe in Friedlingen der Reihe nach schlossen, hat bereits begonnen. Auch hier ist die Zukunft vorgezeichnet.

Und es steht in einer Linie, wenn sich die Stadt bemüht, schöner und für ihre Bürger attraktiver zu werden. Ihre Stadtteile werden saniert, Friedlingen, Leopoldshöhe; die alten Stadtteilkerne sind bereits erneuert. Die Hauptstraße – einstmals recht wenig attraktiver schnurgerader Verbindungsweg von Alt-Weil zum Rhein – wird einer neuen Funktion zugeführt. In diesem Zusammenhang käme der »Zollfreien Straße« Lörrach – Weil am Rhein (vor 140 Jahren beschlossen, aber nie realisiert!) die neue Funktion einer Weiler Südumfahrung zu.

Um attraktiver zu werden, hat die Stadt in der jüngsten Vergangenheit bereits vieles geleistet. Der enorme Erfolg von Laguna, Freizeitcenter Nummer eins im Dreiländereck und von Schweizern wie Elsässern gleichermaßen frequentiert, ist hier vor allem zu nennen. Verbesserung der öffentlichen Nahverkehrseinrichtungen, weitere Stadtbegrünung, neue öffentliche Einrichtungen, auch der Bau einer Stadthalle und all das, was die Landesgartenschau 1999 bringen wird, werden künftige Stationen dieses Weges sein.

Die Zukunft fordert qualitatives Wachstum; denn bei 30000 Einwohnern scheint die Obergrenze erreicht.

Quellen und Literatur s. Weil am Rhein, hrsg. im Auftrag der Stadt von Fred Ludwig Sepaintner (1986) und Der Landkreis Lörrach (=Kreisbeschreibungen des Landes Baden Württemberg), Bearbeitet von der Abteilung Landesbeschreibung im Staatsarchiv Freiburg, hrsg. v. d. Landesarchivdirektion Baden-Württemberg. Bd. 2: Weil am Rhein (erscheint 1993).

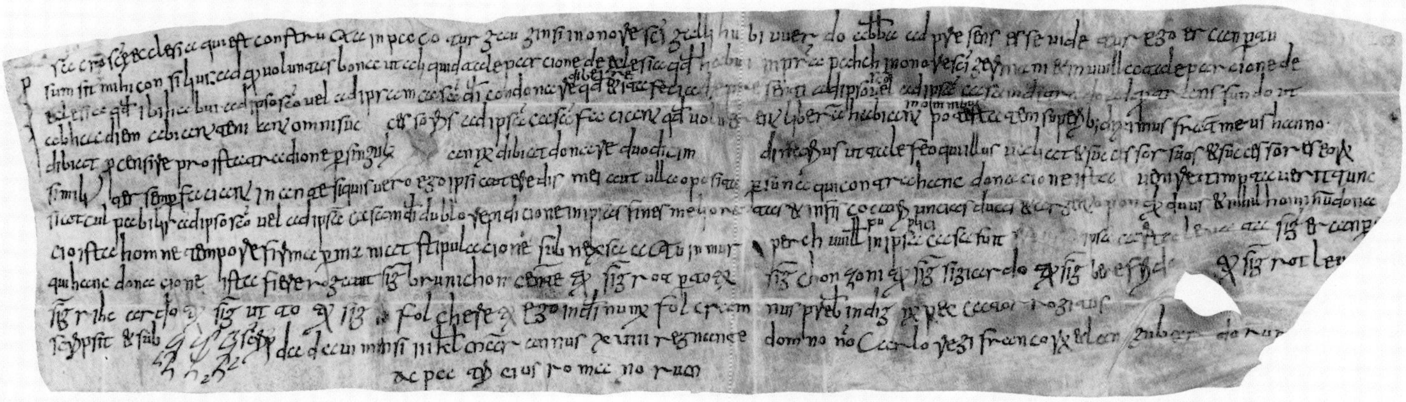

Übersetzung:

Der hochheiligen Kirche, die im Thurgau zu Ehren des Heiligen Gallus errichtet ist, wo Werdo gegenwärtig Abt ist: Ich Ercanpert habe den Entschluß gefaßt und bin Willens, was ich an der Kirche in Prampahch (= Brombach) zu Ehren des Heiligen Germanus und was ich an der Kirche in Willa (= Weil) besitze, diesem Heiligen bzw. diesem Gotteshaus zu schenken, was ich hiermit tue. Vom gegenwärtigen Tage an beschenke ich diesen Heiligen bzw. das Gotteshaus, damit sie von heute an besitzen und alle Nachfolger an diesem Gotteshaus darüber nach Gutdünken frei verfügen, wie ausgeführt. Mein Bruder Hanno soll für diese Schenkung jedes Jahr 12 Denar geben oder den entsprechenden Gegenwert festsetzen, und sein und des Klosters Nachfolger sollen künftig immer so verfahren. Wenn aber irgend jemand, ich selbst, meine Erben oder sonst eine mißgünstige Person, gegen diese Schenkung vorzugehen trachtet, dann sei der doppelthohen Abgabe aus dem wohlangebauten Land an den Heiligen bzw. das Gotteshaus schuldig und an die Staatskasse zwei Unzen Gold und zwei Pfund Silber. Und nichts destoweniger soll diese Schenkung für alle Zeiten sicher bestehen aufgrund dieses Vertrages.

Geschehen zu Murperch (Maulburg), wo diese Urkunde übergeben wurde. Unterfertigt mit dem Zeichen des Ercanpert, der diese Schenkung veranlaßt hat, des Zentenarius und Zeugen Brunicho, und der Zeugen Rotpert, Chonzo, Sigiard, Berefrid, Rotleu ... Rihcard, Utto, Folcher. Im Namen Gottes habe ich, Flocrammnus, Priester und unwürdiger Sünder, wie begehrt geschrieben und unterzeichnet. Gegeben an den 3. Kalenden des März im 18. Regierungsjahr unseres Herrn Karl, Königs der Franken und Langobarden und Patricius der Römer. (27. Februar 786).
(Übertragen von Fred Sepaintner)

Der Verlag dankt
der Stadt Weil am Rhein, vertreten durch
Oberbürgermeister Dr. Peter Willmann,
dem Gemeinderat, dem Kultur- und
Verwaltungsausschuß
mit seiner Redaktionskommission
für die Unterstützung
und konstruktive Zusammenarbeit.

Fotografie: Rolf Frei, Weil am Rhein
Text: Raimund Kagerer, Lörrach
Text: »Weil am Rhein im Wandel der Geschichte«,
Dr. Fred Ludwig Sepaintner, Schluchsee
Gesamtgestaltung: Petra Böttcher, Efringen-Kirchen

Stadler Verlagsgesellschaft mbH, Konstanz 1991

ISBN 3-7977-0253-1